Johann Wolfgang von Goethe

Sprüche in Prosa

Maximen und Reflexionen

Verlag
der
Wissenschaften

Johann Wolfgang von Goethe

Sprüche in Prosa

Maximen und Reflexionen

ISBN/EAN: 9783957005427

Auflage: 1

Erscheinungsjahr: 2015

Erscheinungsort: Norderstedt, Deutschland

Hergestellt in Europa, USA, Kanada, Australien, Japan
Verlag der Wissenschaften in Hansebooks GmbH, Norderstedt

Cover: Tizian "Ländliches Konzert "

Goethes Sprüche in Prosa

Maximen und Reflexionen

Herausgegeben und eingeleitet
von Herman Krüger-Westend

Erschienen
im Insel-Verlag zu Leipzig 1908

Zur Einführung

Maximen und Reflexionen: Grundsätze und Betrachtungen! Nirgendwo, wenn wir vom „Faust" absehen, offenbart sich Goethes vollkommene Menschlichkeit, die harmonische Schönheit seines Gemüts, die weltumfassende Kraft seines Geistes so herrlich als in diesen schmucklos-schlichten Aussprüchen. Eine unversiegliche Quelle edelsten Genusses, eine ewig reiche Fundgrube tiefer Weisheit, so tragen die „Sprüche in Prosa" unvergängliche Dauer in sich. Sie gewähren einen unmittelbaren Anteil an Goethes ureigenem Dasein, indem sie uns seine innerste Überzeugung in Leben und Literatur, in Kunst und Wissenschaft erschließen, indem sie uns den Weg zu gehen lehren, den er selbst geschritten ist, den Weg vom Einzelnen, Beschränkten hinaus ins Allgemeine, Sittliche.

Maximen: Grundsätze, die von des Dichters strenger Selbstzucht und der Höhe seines ethischen Ideals zeugen; Reflexionen: Betrachtungen, in denen sich seine geniale Erkenntnis von Welt und Menschheit kundtut; für Goethe ist keine dieser beiden Betätigungen ohne die andere denkbar. Seine Maximen sind nicht starre Sittenregeln eines weltabgewandten Eiferers, es sind durchgeistigte Normen humanster Sittlichkeit, entsprungen aus wohlwollender Beobachtung des problematischen Erdentreibens, die darum niemals den Blick auf reale Verhältnisse verlieren; auf der anderen Seite beschränkt sich seine Reflexion nicht auf die Sammlung nackter Einzelfälle: er entkleidet das einzelne Geschehnis seines beschränkenden, verfälschenden Individualdaseins und macht es zum Symbol und vollgültigen Vertreter sittlicher Kräfte. Das eben ist Goethes „Maxime", „das Einzelne zur allgemeinen Weihe" zu rufen; von hier aus nimmt das klassizistische Kunstideal der „Weimarischen Kunstfreunde" seinen Ursprung, hier

IV

entspringt die bedeutungsvolle Lehre vom „Urphänomen“ in den Naturwissenschaften. Daher auch, wenn wir nach dem unmittelbaren Anlaß der verschiedenen Aussprüche fragen, so werden wir immer auf ein bestimmtes Ereignis, auf eine bestimmte Erfahrung Goethes verwiesen; wir sehen dann mit Staunen, wie sich der wundersame Bund vollzieht, den die dichterische Tendenz zum Konkret-Realen abschließt mit ethisch-philosophischem Abstraktionstrieb. „Der Menschenverstand“, heißt es auf S. 42, „wird mit dem gesunden Menschen rein geboren ... Praktische Männer und Frauen bedienen sich dessen mit Sicherheit“. Woher diese merkwürdige Hervorhebung: Männer und Frauen, da doch die Gesamtbezeichnung: Menschen vollauf genügt hätte? Woher anders, wenn nicht aus lebendigster, ganz eigentlich sinnenfälliger Vergegenwärtigung bestimmter Erlebnisse? Hier also sind die Spuren des konkreten Falles nicht völlig getilgt, den Goethe im Auge hatte; aber auch der allgemeinste Satz, der in wortkarger Geschlossenheit selbst für den leisesten Hinweis auf seine Veranlassung keinen Raum mehr bietet, ist darum nicht weniger die unmittelbare Frucht eines realen Geschehnisses. In diesem Sinne nennt Max Hecker die Sprüche „kondensierte Lebensereignisse“, die sittlich-intellektuelle Urphänomene umschreiben, und trifft damit den Kern.

Hierauf beruht nun auch der biographische Wert unserer Sammlung. Ist es die Gelegenheit, aus der heraus diese Betrachtungen geboren worden sind, sind diese Worte voll Tiefsinn und Milde den Atemzügen vergleichbar, aus denen sich das Leben der Seele zusammensetzt, sind diese wechselnden Bilder der ununterbrochene Fluß der Augenblicksbilder, die am Auge vorüberziehen — so ist ihre Gesamtheit die Summe, die wir aus Goethes Dasein ziehen, so ist sie

V

ein Spiegel seines Lebens, des inneren und äußeren. Und daher der schier unübersehbare Reichtum von Gedanken, Vorstellungen, Empfindungen. Allgemeingültige Lebensweisheit wechselt mit feinsinnigen oder tiefgründigen Bemerkungen über Künste und Künstler; Politik und praktisches Leben, Zivilisation und Literatur werden hellen Blickes gemustert; den geliebten Naturwissenschaften in allen ihren Zweigen gilt vornehmlich Gunst und Aufmerksamkeit. Liebe und Zorn werden laut; Schillers verklärte Gestalt wandelt vorbei, in dämonischer Größe erheben sich Napoleon und Byron, und, zur Karikatur in blindem Hasse verzerrt, zeigt sich der geschmähte Newton.

Wir werfen einen flüchtigen Blick auf die äußere Geschichte der Sammlung.

Die ersten Maximen und Reflexionen hat Goethe in den „Wahlverwandtschaften" (1809) veröffentlicht unter der Überschrift: „Aus Ottiliens Tagebuch." Größere und kleinere Gruppen fanden dann (seit 1818) in den zwanglos erscheinenden Zeitschriften „Kunst und Altertum", „Zur Naturwissenschaft" und „Zur Morphologie" als willkommene Lückenbüßer Verwendung. Schließlich: da sich das Manuskript der „Wanderjahre", womit drei Bände der Ausgabe letzter Hand gefüllt werden sollten, als zu schmal für diesen Umfang erwies, halfen aus solcher Verlegenheit die Maximen und Reflexionen, von denen die beiden großen Gruppen „Betrachtungen im Sinne der Wanderer" und „Aus Makariens Archiv" (zusammengestellt im März 1829) den „Wanderjahren" angefügt wurden. Damit entsprach Goethe aber nur einer äußeren Notwendigkeit. Er hatte bald eingesehen, daß den „Sprüchen" in Wahrheit ein selbständiger Platz gebühre. Und so beauftragte er Eckermann am 15. Mai 1831, diese „einzelnen Sachen" später in Gemein-

schaft mit den Aphorismen seines Nachlasses besonders zu
veröffentlichen. Eckermann berichtet in den „Gesprächen":
„Wir wurden einig, daß ich alle auf Kunst bezüglichen
Aphorismen in einen Band über Kunstgegenstände, alle
auf die Natur bezüglichen in einen Band über Naturwissenschaften im allgemeinen, sowie alles Ethische und
Literarische in einen gleichfalls passenden Band dereinst
zu verteilen habe." Hiermit war nun zwar den Maximen
und Reflexionen ihre Sonderexistenz wiedergegeben; aber das
Prinzip der Anordnung erwies sich als undurchführbar.

Riemer und Eckermann, die bei jeder neuen Ausgabe von
Goethes Werken auf Vermehrung der Maximen und Reflexionen bedacht gewesen sind, haben sich damit begnügt, die
von Goethe veröffentlichten Gruppen in willkürlichster Weise
aneinander zu reihen und gelegentlich einen Spruch aus der
einen Gruppe in die andere zu verpflanzen; ihre Arbeit, die
erst 1840 (im 3. Bande der „vierzigbändigen" Ausgabe)
ihren Abschluß gefunden, hat uns ein Korpus der „Sprüche
in Prosa" überliefert, wie es unübersichtlicher nicht gedacht
werden kann. Doch ist dieses Korpus maßgebend geblieben,
auch für die Ausgabe Gustav v. Loepers, des feinsinnigen,
viel belesenen Kommentators. Hier aber, wie überall, fordert die geschichtliche Folge ihr Recht. Was Goethe wohl-
durchdacht zusammengefügt hat, sollen und können wir
nicht trennen, und nur die Betrachtungen aus dem Nachlaß mag man nach Goethes Vorschlag zusammenzustellen
versuchen.

Eine Erweiterung der Maximen und Reflexionen hat die
Weimarer Ausgabe gebracht. Das vollständige Material
liegt jetzt in streng authentischer Fassung nach den Hand-
schriften des Goethe- und Schiller-Archivs in dem von
Max Hecker mit reichen wissenschaftlichen Erläuterungen

herausgegebenen 21. Band der Schriften der Goethe=Gesell=
schaft vor. Diese mustergültige Ausgabe wird für den
Forscher ihre Bedeutung behalten; dem großen Kreis der
Gebildeten aber wird eine Volksausgabe ohne gelehrten
Apparat willkommen sein, wie sie hier im Anschluß an
die Publikation der Goethe=Gesellschaft dargeboten wird.
Dieser Charakter unserer Ausgabe hat auch einige Kür=
zungen im Texte notwendig gemacht; doch sind es nur
wenige Sprüche unbedeutenden Inhaltes, wörtliche Ent=
lehnungen und allzu spezielle, ohne größeren Kommentar
unverständliche Betrachtungen, die beiseite gelassen worden
sind. Das freundliche Interesse, das die Goethe=Gesellschaft
unserer Ausgabe bekundet hat, sei hier dankbar anerkannt.
Zu ganz besonderem Dank sind Verlag und Herausgeber
Herrn Dr. Max Hecker in Weimar verpflichtet, der in un=
eigennützigster Weise an der Herausgabe dieses Buches mit=
gearbeitet hat.

Goethe sagt in seiner Spruchweisheit, daß Maximen dem
Hörenden nicht alles deutlich machen können, was dem
Ausübenden einleuchtet. Die Maximen und Reflexionen
wollen mit aufmerksamer Betrachtung gelesen sein. Sie
sind Trostspenden für jedes Alter, für jede Lebenslage, für
jede Individualität und weisen den Weg zur inneren Frei=
heit im edelerhabenen Sinne des Großen von Weimar.

VIII

Maximen und Reflexionen

Aus den Wahlverwandtschaften

(1809)

Wir blicken so gern in die Zukunft, weil wir das Ungefähre, was sich in ihr hin und her bewegt, durch stille Wünsche so gern zu unsern Gunsten heranleiten möchten.

Wir befinden uns nicht leicht in großer Gesellschaft, ohne zu denken, der Zufall, der so viele zusammenbringt, solle uns auch unsre Freunde herbeiführen.

Man mag noch so eingezogen leben, so wird man, ehe man sich's versieht, ein Schuldner oder ein Gläubiger.

Begegnet uns jemand, der uns Dank schuldig ist, gleich fällt es uns ein. Wie oft können wir jemand begegnen, dem wir Dank schuldig sind, ohne daran zu denken.

Sich mitzuteilen ist Natur; Mitgeteiltes aufzunehmen, wie es gegeben wird, ist Bildung.

Niemand würde viel in Gesellschaften sprechen, wenn er sich bewußt wäre, wie oft er die andern mißversteht.

Man verändert fremde Reden beim Wiederholen wohl nur darum so sehr, weil man sie nicht verstanden hat.

Wer vor andern lange allein spricht, ohne den Zuhörern zu schmeicheln, erregt Widerwillen.

Jedes ausgesprochene Wort erregt den Gegensinn.

Widerspruch und Schmeichelei machen beide ein schlechtes Gespräch.

Die angenehmsten Gesellschaften sind die, in welchen eine heitere Ehrerbietung der Glieder gegeneinander obwaltet.

Durch nichts bezeichnen die Menschen mehr ihren Charakter als durch das, was sie lächerlich finden.

Das Lächerliche entspringt aus einem sittlichen Kontrast, der auf eine unschädliche Weise für die Sinne in Verbindung gebracht wird.

Der sinnliche Mensch lacht oft, wo nichts zu lachen ist. Was ihn auch anregt, sein inneres Behagen kommt zum Vorschein.

Der Verständige findet fast alles lächerlich, der Vernünftige fast nichts.

Einem bejahrten Manne verdachte man, daß er sich noch um junge Frauenzimmer bemühte. „Es ist das einzige Mittel“, versetzte er, „sich zu verjüngen, und das will doch jedermann.“

Man läßt sich seine Mängel vorhalten, man läßt sich strafen, man leidet manches um ihrer willen mit Geduld; aber ungeduldig wird man, wenn man sie ablegen soll.

Gewisse Mängel sind notwendig zum Dasein des Einzelnen. Es würde uns unangenehm sein, wenn alte Freunde gewisse Eigenheiten ablegten.

Man sagt: „Er stirbt bald“, wenn einer etwas gegen seine Art und Weise tut.

Was für Mängel dürfen wir behalten, ja an uns kultivieren? Solche, die den andern eher schmeicheln als sie verletzen.

Die Leidenschaften sind Mängel oder Tugenden, nur gesteigerte.

Unsre Leidenschaften sind wahre Phönixe. Wie der alte verbrennt, steigt der neue sogleich wieder aus der Asche hervor.

Große Leidenschaften sind Krankheiten ohne Hoffnung. Was sie heilen könnte, macht sie erst recht gefährlich.

Die Leidenschaft erhöht und mildert sich durchs Bekennen. In nichts wäre die Mittelstraße vielleicht wünschenswerter als im Vertrauen und Verschweigen gegen die, die wir lieben.

Man nimmt in der Welt jeden, wofür er sich gibt; aber er muß sich auch für etwas geben. Man erträgt die Unbequemen lieber, als man die Unbedeutenden duldet.

Man kann der Gesellschaft alles aufbringen, nur nicht, was eine Folge hat.

Wir lernen die Menschen nicht kennen, wenn sie zu uns kommen; wir müssen zu ihnen gehen, um zu erfahren, wie es mit ihnen steht.

Ich finde es beinahe natürlich, daß wir an Besuchenden mancherlei auszusetzen haben, daß wir sogleich, wenn sie weg sind, über sie nicht zum liebevollsten urteilen; denn wir haben sozusagen ein Recht, sie nach unserm Maßstabe zu messen. Selbst verständige und billige Menschen enthalten sich in solchen Fällen kaum einer scharfen Zensur.

Wenn man dagegen bei andern gewesen ist und hat sie mit ihren Umgebungen, Gewohnheiten, in ihren notwendigen unausweichlichen Zuständen gesehen, wie sie um sich wirken oder wie sie sich fügen, so gehört schon Unverstand und böser Wille dazu, um das lächerlich zu finden, was uns in mehr als einem Sinne ehrwürdig scheinen müßte.

Durch das, was wir Betragen und gute Sitten nennen, soll das erreicht werden, was außerdem nur durch Gewalt, oder auch nicht einmal durch Gewalt zu erreichen ist.

Der Umgang mit Frauen ist das Element guter Sitten.

Wie kann der Charakter, die Eigentümlichkeit des Menschen mit der Lebensart bestehen?

Das Eigentümliche müßte durch die Lebensart erst recht hervorgehoben werden. Das Bedeutende will jedermann, nur soll es nicht unbequem sein.

Die größten Vorteile im Leben überhaupt wie in der Gesellschaft hat ein gebildeter Soldat.

Rohe Kriegsleute gehen wenigstens nicht aus ihrem Charakter, und weil doch meist hinter der Stärke eine Gutmütigkeit verborgen liegt, so ist im Notfall auch mit ihnen auszukommen.

Niemand ist lästiger als ein täppischer Mensch vom Zivilstande. Von ihm könnte man die Feinheit fordern, da er sich mit nichts Rohem zu beschäftigen hat.

Zutraulichkeit an der Stelle der Ehrfurcht ist immer lächer-

lich. Es würde niemand den Hut ablegen, nachdem er
kaum das Kompliment gemacht hat, wenn er wüßte, wie
komisch das aussieht.

Es gibt kein äußeres Zeichen der Höflichkeit, das nicht einen
tiefen sittlichen Grund hätte. Die rechte Erziehung wäre,
welche dieses Zeichen und den Grund zugleich überlieferte.

Das Betragen ist ein Spiegel, in welchem jeder sein Bild
zeigt.

Es gibt eine Höflichkeit des Herzens; sie ist der Liebe ver=
wandt. Aus ihr entspringt die bequemste Höflichkeit des
äußern Betragens.

Freiwillige Abhängigkeit ist der schönste Zustand, und wie
wäre der möglich ohne Liebe!

Wir sind nie entfernter von unsern Wünschen, als wenn
wir uns einbilden, das Gewünschte zu besitzen.

Niemand ist mehr Sklave, als der sich für frei hält, ohne
es zu sein.

Es darf sich einer nur für frei erklären, so fühlt er sich
den Augenblick als bedingt. Wagt er es, sich für bedingt
zu erklären, so fühlt er sich frei.

Gegen große Vorzüge eines andern gibt es kein Rettungs=
mittel als die Liebe.

Es ist was Schreckliches um einen vorzüglichen Mann,
auf den sich die Dummen was zugute tun.

Es gibt, sagt man, für den Kammerdiener keinen Helden. Das kommt aber bloß daher, weil der Held nur vom Helden anerkannt werden kann. Der Kammerdiener wird aber wahrscheinlich seinesgleichen zu schätzen wissen.

Es gibt keinen größern Trost für die Mittelmäßigkeit, als daß das Genie nicht unsterblich sei.

Die größten Menschen hängen immer mit ihrem Jahrhundert durch eine Schwachheit zusammen.

Man hält die Menschen gewöhnlich für gefährlicher, als sie sind.

Toren und gescheite Leute sind gleich unschädlich. Nur die Halbnarren und Halbweisen, das sind die gefährlichsten.

Man weicht der Welt nicht sicherer aus als durch die Kunst, und man verknüpft sich nicht sicherer mit ihr als durch die Kunst.

Selbst im Augenblick des höchsten Glücks und der höchsten Not bedürfen wir des Künstlers.

Die Kunst beschäftigt sich mit dem Schweren und Guten.

Das Schwierige leicht behandelt zu sehen, gibt uns das Anschauen des Unmöglichen.

Die Schwierigkeiten wachsen, je näher man dem Ziele kommt.

Säen ist nicht so beschwerlich als ernten.

Aus Kunst und Altertum
(1818)

Die Kunst ist ein ernsthaftes Geschäft, am ernsthaftesten, wenn sie sich mit edlen heiligen Gegenständen beschäftigt; der Künstler aber steht über der Kunst und dem Gegenstande: über jener, da er sie zu seinen Zwecken braucht, über diesem, weil er ihn nach eigner Weise behandelt.

Die bildende Kunst ist auf das Sichtbare angewiesen, auf die äußere Erscheinung des Natürlichen. Das rein Natürliche, insofern es sittlich gefällig ist, nennen wir naiv. Naive Gegenstände sind also das Gebiet der Kunst, die ein sittlicher Ausdruck des Natürlichen sein soll. Gegenstände, die nach beiden Seiten hinweisen, sind die günstigsten.

Das Naive als natürlich ist mit dem Wirklichen verschwistert. Das Wirkliche ohne sittlichen Bezug nennen wir gemein.

Die Kunst an und für sich selbst ist edel; deshalb fürchtet sich der Künstler nicht vor dem Gemeinen. Ja, indem er es aufnimmt, ist es schon geadelt, und so sehen wir die größten Künstler mit Kühnheit ihr Majestätsrecht ausüben.

In jedem Künstler liegt ein Keim von Verwegenheit, ohne den kein Talent denkbar ist, und dieser wird besonders rege, wenn man den Fähigen einschränken und zu einseitigen Zwecken dingen und brauchen will.

Der Humor ist eins der Elemente des Genies, aber sobald er vorwaltet, nur ein Surrogat desselben; er begleitet die abnehmende Kunst, zerstört, vernichtet sie zuletzt.

Gar oft im Laufe des Lebens, mitten in der größten Sicherheit des Wandels bemerken wir auf einmal, daß wir in einem Irrtum befangen sind, daß wir uns für Personen, für Gegenstände einnehmen ließen, ein Verhältnis zu ihnen erträumten, das dem erwachten Auge sogleich verschwindet; und doch können wir uns nicht losreißen, eine Macht hält uns fest, die uns unbegreiflich scheint. Manchmal jedoch kommen wir zum völligen Bewußtsein und begreifen, daß ein Irrtum so gut als ein Wahres zur Tätigkeit bewegen und antreiben kann. Weil nun die Tat überall entscheidend ist, so kann aus einem tätigen Irrtum etwas Treffliches entstehen, weil die Wirkung jedes Getanen ins Unendliche reicht. So ist das Hervorbringen freilich immer das Beste, aber auch das Zerstören ist nicht ohne glückliche Folge.

Der wunderbarste Irrtum aber ist derjenige, der sich auf uns selbst und unsere Kräfte bezieht, daß wir uns einem würdigen Geschäft, einem ehrsamen Unternehmen widmen, dem wir nicht gewachsen sind, daß wir nach einem Ziel streben, das wir nie erreichen können. Die daraus entspringende Tantalisch-Sisyphische Qual empfindet jeder nur um desto bitterer, je redlicher er es meinte. Und doch sehr oft, wenn wir uns von dem Beabsichtigten für ewig getrennt sehen, haben wir schon auf unserm Wege irgend ein anderes Wünschenswerte gefunden, etwas uns Gemäßes, mit dem uns zu begnügen wir eigentlich geboren sind.

Wenn der Mensch alles leisten soll, was man von ihm fordert, so muß er sich für mehr halten, als er ist.

Solange das nicht ins Absurde geht, erträgt man's auch gern.

Die Arbeit macht den Gesellen.

Gewisse Bücher scheinen geschrieben zu sein, nicht damit
man daraus lerne, sondern damit man wisse, daß der Ver=
fasser etwas gewußt hat.

Es ist weit eher möglich, sich in den Zustand eines Gehirns
zu versetzen, das im entschiedensten Irrtum befangen ist, als
eines, das Halbwahrheiten sich vorspiegelt.

Die Lust der Deutschen am Unsichern in den Künsten kommt
aus der Pfuscherei her; denn wer pfuscht, darf das Rechte
nicht gelten lassen, sonst wäre er gar nichts.

Es ist traurig anzusehen, wie ein außerordentlicher Mensch
sich gar oft mit sich selbst, seinen Umständen, seiner Zeit
herumwürgt, ohne auf einen grünen Zweig zu kommen.
Trauriges Beispiel: Bürger.

Die größte Achtung, die ein Autor für sein Publikum
haben kann, ist, daß er niemals bringt, was man erwartet,
sondern was er selbst auf der jedesmaligen Stufe eigner
und fremder Bildung für recht und nützlich hält.

Die Weisheit ist nur in der Wahrheit.

Wenn ich irre, kann es jeder bemerken, wenn ich lüge, nicht.

Der Deutsche hat Freiheit der Gesinnung, und daher merkt er
nicht, wenn es ihm an Geschmacks= und Geistesfreiheit fehlt.

Iſt denn die Welt nicht ſchon voller Rätſel genug, daß man die einfachſten Erſcheinungen auch noch zu Rätſeln machen ſoll?

Das kleinſte Haar wirft ſeinen Schatten.

Was ich in meinem Leben durch falſche Tendenzen verſucht habe zu tun, hab' ich denn doch zuletzt gelernt begreifen.

Die Freigebigkeit erwirbt einem jeden Gunſt, vorzüglich wenn ſie von Demut begleitet wird.

Vor dem Gewitter erhebt ſich zum letzten Male der Staub gewaltſam, der nun bald für lange getilgt ſein ſoll.

Die Menſchen kennen einander nicht leicht, ſelbſt mit dem beſten Willen und Vorſatz; nun tritt noch der böſe Wille hinzu, der alles entſtellt.

Man würde einander beſſer kennen, wenn ſich nicht immer einer dem andern gleichſtellen wollte.

Ausgezeichnete Perſonen ſind daher übler dran als andere: da man ſich mit ihnen nicht vergleicht, paßt man ihnen auf.

In der Welt kommt's nicht drauf an, daß man die Menſchen kenne, ſondern daß man im Augenblick klüger ſei als der vor uns Stehende. Alle Jahrmärkte und Marktſchreier geben Zeugnis.

Nicht überall, wo Waſſer iſt, ſind Fröſche; aber wo man Fröſche hört, iſt Waſſer.

Wer fremde Sprachen nicht kennt, weiß nichts von seiner eigenen.

Der Irrtum ist recht gut, solange wir jung sind; man muß ihn nur nicht mit ins Alter schleppen.

Alle travers, die veralten, sind unnützes ranziges Zeug.

Die Natur gerät auf Spezifikationen wie in eine Sackgasse: sie kann nicht durch und mag nicht wieder zurück; daher die Hartnäckigkeit der Nationalbildung.

Jeder hat etwas in seiner Natur, das, wenn er es öffentlich aussprüche, Mißfallen erregen müßte.

Wenn der Mensch über sein Physisches oder Moralisches nachdenkt, findet er sich gewöhnlich krank.

Es ist eine Forderung der Natur, daß der Mensch mitunter betäubt werde, ohne zu schlafen; daher der Genuß im Tabakrauchen, Branntweintrinken, Opiaten.

Dem tätigen Menschen kommt es darauf an, daß er das Rechte tue; ob das Rechte geschehe, soll ihn nicht kümmern.

Mancher klopft mit dem Hammer an der Wand herum und glaubt, er treffe jedesmal den Nagel auf den Kopf.

Das Zufällig-Wirkliche, an dem wir weder ein Gesetz der Natur noch der Freiheit für den Augenblick entdecken, nennen wir das Gemeine.

Bemalung und Punktierung der Körper ist eine Rückkehr zur Tierheit.

Geschichte schreiben ist eine Art, sich das Vergangene vom Halse zu schaffen.

Was man nicht versteht, besitzt man nicht.

Nicht jeder, dem man Prägnantes überliefert, wird produktiv; es fällt ihm wohl etwas ganz Bekanntes dabei ein.

Es gibt nichts Gemeines, was, fratzenhaft ausgedrückt, nicht humoristisch aussähe.

Es bleibt einem jeden immer noch soviel Kraft, das auszuführen, wovon er überzeugt ist.

Das Gedächtnis mag immer schwinden, wenn das Urteil im Augenblick nicht fehlt.

Die sogenannten Naturdichter sind frisch und neu aufgeforderte, aus einer überbildeten, stockenden, manierierten Kunstepoche zurückgewiesene Talente. Dem Platten können sie nicht ausweichen, man kann sie daher als rückschreitend ansehen; sie sind aber regenerierend und veranlassen neue Vorschritte.

Keine Nation gewinnt ein Urteil, als wenn sie über sich selbst urteilen kann. Zu diesem großen Vorteil gelangt sie aber sehr spät.

Anstatt meinen Worten zu widersprechen, sollten sie nach meinem Sinne handeln.

Die Natur verstummt auf der Folter; ihre treue Antwort auf redliche Frage ist: Ja! ja! Nein! nein! Alles übrige ist vom Übel.

Die Menschen verdrießt's, daß das Wahre so einfach ist;
sie sollten bedenken, daß sie noch Mühe genug haben, es
praktisch zu ihrem Nutzen anzuwenden.

Ich verwünsche die, die aus dem Irrtum eine eigene
Welt machen und doch unablässig fordern, daß der Mensch
nützlich sein müsse.

Eine Schule ist als ein einziger Mensch anzusehen, der
hundert Jahre mit sich selbst spricht und sich in seinem
eignen Wesen, und wenn es auch noch so albern wäre,
ganz außerordentlich gefällt.

Eine falsche Lehre läßt sich nicht widerlegen; denn sie
ruht ja auf der Überzeugung, daß das Falsche wahr sei.
Aber das Gegenteil kann, darf und muß man wiederholt
aussprechen.

Alle Gegner einer geistreichen Sache schlagen nur in die
Kohlen, diese springen umher und zünden da, wo sie sonst
nicht gewirkt hätten.

Der Mensch wäre nicht der Vornehmste auf der Erde, wenn
er nicht zu vornehm für sie wäre.

Das längst Gefundene wird wieder verscharrt; wie bemühte
sich Tycho, die Kometen zu regelmäßigen Körpern zu
machen, wofür sie Seneca längst anerkannt!

Gewissen Geistern muß man ihre Idiotismen lassen.

Es werden jetzt Produktionen möglich, die Null sind, ohne
schlecht zu sein, Null, weil sie keinen Gehalt haben, nicht

schlecht, weil eine allgemeine Form guter Muster den Ver=
faſſern vorschwebt.

Der Schnee iſt eine erlogene Reinlichkeit.

Wer ſich vor der Idee ſcheut, hat auch zuletzt den Begriff
nicht mehr.

Unſere Meiſter nennen wir billig die, von denen wir immer
lernen. Nicht ein jeder, von dem wir lernen, verdient
dieſen Titel.

Alles Lyriſche muß im ganzen ſehr vernünftig, im einzelnen
ein bißchen unvernünftig ſein.

Es hat mit euch eine Beſchaffenheit wie mit dem Meer,
dem man unterſchiedentliche Namen gibt, und es iſt doch
endlich alles geſalzen Waſſer.

Man ſagt: „Eitles Eigenlob ſtinket“. Das mag ſein; was
aber fremder und ungerechter Tadel für einen Geruch habe,
dafür hat das Publikum keine Naſe.

Der Roman iſt eine ſubjektive Epopöe, in welcher der
Verfaſſer ſich die Erlaubnis ausbittet, die Welt nach ſeiner
Weiſe zu behandeln. Es fragt ſich alſo nur, ob er eine
Weiſe habe; das andere wird ſich ſchon finden.

Es gibt problematiſche Naturen, die keiner Lage gewachſen
ſind, in der ſie ſich befinden, und denen keine genugtut.
Daraus entſteht der ungeheure Widerſtreit, der das Leben
ohne Genuß verzehrt.

16

Das eigentlich wahrhaft Gute, was wir tun, geschieht größtenteils clam, vi et precario.

Ein lustiger Gefährte ist ein Rollwagen auf der Wanderschaft.

Der Schmutz ist glänzend, wenn die Sonne scheinen mag.

Der Müller denkt, es wachse kein Weizen, als damit seine Mühle gehe.

Es ist schwer, gegen den Augenblick gerecht sein: der gleichgültige macht uns Langeweile, am guten hat man zu tragen und am bösen zu schleppen.

Der ist der glücklichste Mensch, der das Ende seines Lebens mit dem Anfang in Verbindung setzen kann.

So eigensinnig widersprechend ist der Mensch: zu seinem Vorteil will er keine Nötigung, zu seinem Schaden leidet er jeden Zwang.

Die Vorsicht ist einfach, die Hinterdreinsicht vielfach.

Ein Zustand, der alle Tage neuen Verdruß zuzieht, ist nicht der rechte.

Bei Unvorsichtigkeiten ist nichts gewöhnlicher, als Aussichten auf die Möglichkeit eines Auswegs zu suchen.

Die Hindus der Wüste geloben, keine Fische zu essen.

Ein unzulängliches Wahre wirkt eine Zeitlang fort, statt völliger Aufklärung aber tritt auf einmal ein blendendes

Falsche herein; das genügt der Welt, und so sind Jahr=
hunderte betört.

In den Wissenschaften ist es höchst verdienstlich, das
unzulängliche Wahre, was die Alten schon besessen, aufzu=
suchen und weiter zu führen.

Es ist mit Meinungen, die man wagt, wie mit Steinen,
die man voran im Brette bewegt: sie können geschlagen
werden, aber sie haben ein Spiel eingeleitet, das gewonnen
wird.

Es ist so gewiß als wunderbar, daß Wahrheit und Irr=
tum aus einer Quelle entstehen; deswegen man oft dem
Irrtum nicht schaden darf, weil man zugleich der Wahrheit
schadet.

Jedermann hat seine Eigenheiten und kann sie nicht los=
werden: und doch geht mancher an seinen Eigenheiten, oft
an den unschuldigsten, zugrunde.

Wer sich nicht zu viel dünkt, ist viel mehr, als er glaubt.

In Kunst und Wissenschaft sowie im Tun und Handeln
kommt alles darauf an, daß die Objekte rein aufgefaßt
und ihrer Natur gemäß behandelt werden.

Wenn verständige sinnige Personen im Alter die Wissen=
schaft gering schätzen, so kommt es nur daher, daß sie von
ihr und von sich zu viel gefordert haben.

Ich bedauere die Menschen, welche von der Vergänglich=
keit der Dinge viel Wesens machen und sich in Betrachtung

irdischer Nichtigkeit verlieren. Sind wir ja eben deshalb
da, um das Vergängliche unvergänglich zu machen; das
kann ja nur dadurch geschehen, wenn man beides zu schätzen
weiß.

Ein Phänomen, ein Versuch kann nichts beweisen, es ist
das Glied einer großen Kette, das erst im Zusammenhange
gilt. Wer eine Perlenschnur verdecken und nur die schönste
einzelne vorzeigen wollte, verlangend, wir sollten ihm glauben,
die übrigen seien alle so: schwerlich würde sich jemand auf
den Handel einlassen.

Abbildungen, Wortbeschreibung, Maß, Zahl und Zeichen
stellen noch immer kein Phänomen dar. Darum bloß konnte
sich die Newtonische Lehre so lange halten, daß der Irrtum
in dem Quartbande der lateinischen Übersetzung für ein paar
Jahrhunderte einbalsamiert war.

Man muß sein Glaubensbekenntnis von Zeit zu Zeit wieder=
holen, aussprechen, was man billigt, was man verdammt;
der Gegenteil läßt's ja auch nicht daran fehlen.

In der jetzigen Zeit soll niemand schweigen oder nach=
geben; man muß reden und sich rühren, nicht um zu über=
winden, sondern sich auf seinem Posten zu erhalten; ob
bei der Majorität oder Minorität, ist ganz gleichgültig.

Was die Franzosen tournure nennen, ist eine zur Anmut
gemilderte Anmaßung. Man sieht daraus, daß die Deut=
schen keine tournure haben können; ihre Anmaßung ist hart
und herb, ihre Anmut mild und demütig, das eine schließt
das andere aus und sind nicht zu verbinden.

Einen Regenbogen, der eine Viertelstunde steht, sieht man nicht mehr an.

Es begegnete und geschieht mir noch, daß ein Werk bildender Kunst mir beim ersten Anblick mißfällt, weil ich ihm nicht gewachsen bin; ahnd' ich aber ein Verdienst daran, so such' ich ihm beizukommen, und dann fehlt es nicht an den erfreulichsten Entdeckungen: an den Dingen werd' ich neue Eigenschaften und an mir neue Fähigkeiten gewahr.

Der Glaube ist ein häuslich heimlich Kapital, wie es öffentliche Spar- und Hülfskassen gibt, woraus man in Tagen der Not einzelnen ihr Bedürfnis reicht; hier nimmt der Gläubige sich seine Zinsen im stillen selbst.

Das Leben, so gemein es aussieht, so leicht es sich mit dem Gewöhnlichen, Alltäglichen zu befriedigen scheint, hegt und pflegt doch immer gewisse höhere Forderungen im stillen fort und sieht sich nach Mitteln um, sie zu befriedigen.

Der eigentliche Obskurantismus ist nicht, daß man die Ausbreitung des Wahren, Klaren, Nützlichen hindert, sondern daß man das Falsche in Kurs bringt.

(1823)

Der Irrtum ist viel leichter zu erkennen, als die Wahrheit zu finden; jener liegt auf der Oberfläche, damit läßt sich wohl fertig werden; diese ruht in der Tiefe, danach zu forschen ist nicht jedermanns Sache.

Wir alle leben vom Vergangnen und gehen am Vergangenen zugrunde.

20

Wie wir was Großes lernen sollen, flüchten wir uns gleich in unsre angeborne Armseligkeit und haben doch immer etwas gelernt.

Den Deutschen ist nichts daran gelegen, zusammen zu bleiben, aber doch, für sich zu bleiben. Jeder, sei er auch, welcher er wolle, hat so ein eignes Fürsich, das er sich nicht gern möchte nehmen lassen.

Die empirisch-sittliche Welt besteht größtenteils nur aus bösem Willen und Neid.

Der Aberglaube ist die Poesie des Lebens; deswegen schadet's dem Dichter nicht, abergläubisch zu sein.

Mit dem Vertrauen ist es eine wunderliche Sache. Hört man nur einen: der kann sich irren oder sich betrügen; hört man viele: die sind in demselbigen Falle, und gewöhnlich findet man da die Wahrheit gar nicht heraus.

Unreine Lebensverhältnisse soll man niemand wünschen; sie sind aber für den, der zufällig hineingerät, Prüfsteine des Charakters und des Entschiedensten, was der Mensch vermag.

Ein beschränkter, ehrlicher Mensch sieht oft die Schelmerei der feinsten Mächler (faiseurs) durch und durch.

Wer keine Liebe fühlt, muß schmeicheln lernen, sonst kommt er nicht aus.

Gegen die Kritik kann man sich weder schützen noch wehren; man muß ihr zum Trutz handeln, und das läßt sie sich nach und nach gefallen.

Die Menge kann tüchtige Menschen nicht entbehren, und
die Tüchtigen sind ihnen jederzeit zur Last.

Wer meine Fehler überträgt, ist mein Herr, und wenn's
mein Diener wäre.

Memoiren von oben herunter oder von unten hinauf: sie
müssen sich immer begegnen.

Wenn man von den Leuten Pflichten fordert und ihnen keine
Rechte zugestehen will, muß man sie gut bezahlen.

Das sogenannte Romantische einer Gegend ist ein stilles
Gefühl des Erhabenen unter der Form der Vergangenheit
oder, was gleich lautet, der Einsamkeit, Abwesenheit, Ab-
geschiedenheit.

Der herrliche Kirchengesang: Veni Creator Spiritus ist ganz
eigentlich ein Appell ans Genie; deswegen er auch geist-
und kraftreiche Menschen gewaltig anspricht.

Das Schöne ist eine Manifestation geheimer Naturgesetze,
die uns ohne dessen Erscheinung ewig wären verborgen geblieben.

Aufrichtig zu sein, kann ich versprechen, unparteiisch zu sein,
aber nicht.

Der Undank ist immer eine Art Schwäche. Ich habe nie
gesehen, daß tüchtige Menschen wären undankbar gewesen.

Wir alle sind so borniert, daß wir immer glauben, recht

zu haben; und so läßt sich ein außerordentlicher Geist denken, der nicht allein irrt, sondern sogar Lust am Irrtum hat.

Reine mittlere Wirkung zur Vollendung des Guten und Rechten ist sehr selten; gewöhnlich sehen wir Pedanterie, welche zu retardieren, Frechheit, die zu übereilen strebt.

Wort und Bild sind Korrelate, die sich immerfort suchen, wie wir an Tropen und Gleichnissen genugsam gewahr werden. So von jeher, was dem Ohr nach innen gesagt oder gesungen war, sollte dem Auge gleichfalls entgegen= kommen. Und so sehen wir in kindlicher Zeit in Gesetzbuch und Heilsordnung, in Bibel und Fibel sich Wort und Bild immerfort balancieren. Wenn man aussprach, was sich nicht bilden, bildete, was sich nicht aussprechen ließ, so war das ganz recht; aber man vergriff sich gar oft und sprach, statt zu bilden, und daraus entstanden die doppelt bösen symbolisch=mystischen Ungeheuer.

Eine Sammlung von Anekdoten und Maximen ist für den Weltmann der größte Schatz, wenn er die ersten an schicklichen Orten ins Gespräch einzustreuen, der letzten im treffenden Falle sich zu erinnern weiß.

Man sagt: „Studiere, Künstler, die Natur!" Es ist aber keine Kleinigkeit, aus dem Gemeinen das Edle, aus der Unform das Schöne zu entwickeln.

Wo der Anteil sich verliert, verliert sich auch das Ge= dächtnis.

Die Welt ist eine Glocke, die einen Riß hat: sie klappert, aber klingt nicht.

Die Zudringlichkeiten junger Dilettanten muß man mit Wohlwollen ertragen: sie werden im Alter die wahrsten Verehrer der Kunst und des Meisters.

Wenn die Menschen recht schlecht werden, haben sie keinen Anteil mehr als die Schadenfreude.

Gescheite Leute sind immer das beste Konversationslexikon.

Es gibt Menschen, die gar nicht irren, weil sie sich nichts Vernünftiges vorsetzen.

Kenne ich mein Verhältnis zu mir selbst und zur Außenwelt, so heiß' ich's Wahrheit. Und so kann jeder seine eigene Wahrheit haben, und es ist doch immer dieselbige.

Das Besondere unterliegt ewig dem Allgemeinen; das Allgemeine hat ewig sich dem Besondern zu fügen.

Vom eigentlich Produktiven ist niemand Herr, und sie müssen es alle nur so gewähren lassen.

Wem die Natur ihr offenbares Geheimnis zu enthüllen anfängt, der empfindet eine unwiderstehliche Sehnsucht nach ihrer würdigsten Auslegerin, der Kunst.

Die Zeit ist selbst ein Element.

Der Mensch begreift niemals, wie anthropomorphisch er ist.

Ein Unterschied, der dem Verstand nichts gibt, ist kein Unterschied.

Die Verwechselung eines Konsonanten mit dem andern möchte wohl aus Unfähigkeit des Organs, die Verwandlung der Vokale in Diphthongen aus einem eingebildeten Pathos entstehen.

Wenn man alle Gesetze studieren sollte, so hätte man gar keine Zeit, sie zu übertreten.

Man kann nicht für jedermann leben, besonders für die nicht, mit denen man nicht leben möchte.

Der Appell an die Nachwelt entspringt aus dem reinen lebendigen Gefühl, daß es ein Unvergängliches gebe und, wenn auch nicht gleich anerkannt, doch zuletzt aus der Minorität sich der Majorität werde zu erfreuen haben.

Geheimnisse sind noch keine Wunder.

Leichtsinnige leidenschaftliche Begünstigung problematischer Talente war ein Fehler meiner frühern Jahre, den ich niemals ganz ablegen konnte.

Ich möchte gern ehrlich mit dir sein, ohne daß wir uns entzweiten; das geht aber nicht. Du benimmst dich falsch und setzest dich zwischen zwei Stühle, Anhänger gewinnst du nicht und verlierst deine Freunde. Was soll daraus werden!

Es ist ganz einerlei, vornehm oder gering sein: das Menschliche muß man immer ausbaden.

Die liberalen Schriftsteller spielen jetzt ein gutes Spiel, sie haben das ganze Publikum zu Suppleanten.

Wenn ich von liberalen Ideen reden höre, so verwundere ich mich immer, wie die Menschen sich gern mit leeren Wortschällen hinhalten: eine Idee darf nicht liberal sein! Kräftig sei sie, tüchtig, in sich selbst abgeschlossen, damit sie den göttlichen Auftrag, produktiv zu sein, erfülle. Noch weniger darf der Begriff liberal sein; denn der hat einen ganz andern Auftrag.

Wo man die Liberalität aber suchen muß, das ist in den Gesinnungen, und diese sind das lebendige Gemüt. Gesinnungen aber sind selten liberal, weil die Gesinnung unmittelbar aus der Person, ihren nächsten Beziehungen und Bedürfnissen hervorgeht. Weiter schreiben wir nicht; an diesem Maßstab halte man, was man tagtäglich hört!

Es sind immer nur unsere Augen, unsere Vorstellungsarten; die Natur weiß ganz allein, was sie will, was sie gewollt hat.

> „Gib mir, wo ich stehe!“
> Archimedes.
> „Nimm dir, wo du steheft!“
> Nose.
> Behaupte, wo du stehst!
> G.

Allgemeines Kausalverhältnis, das der Beobachter aufsucht und ähnliche Erscheinungen einer allgemeinen Ursache zuschreibt; an die nächste wird selten gedacht.

Einem Klugen widerfährt keine geringe Torheit.

Bei jedem Kunstwerk, groß oder klein, bis ins kleinste kommt alles auf die Konzeption an.

Es gibt eine Poesie ohne Tropen, die ein einziger Tro=
pus ist.

Ein alter gutmütiger Examinator sagt einem Schüler ins
Ohr: „Etiam nihil didicisti“ und läßt ihn für gut hin=
gehen.

Das Fürtreffliche ist unergründlich, man mag damit an=
fangen, was man will.

Ich habe mich so lange ums Allgemeine bemüht, bis ich
einsehen lernte, was vorzügliche Menschen im Besondern
leisten.

(1824)

Auch Bücher haben ihr Erlebtes, das ihnen nicht ent=
zogen werden kann.

> Wer nie sein Brot mit Tränen aß,
> Wer nicht die kummervollen Nächte
> Auf seinem Bette weinend saß,
> Der kennt euch nicht, ihr himmlischen Mächte.

Diese tiefschmerzlichen Zeilen wiederholte sich eine höchst
vollkommene, angebetete Königin in der grausamsten Ver=
bannung, zu grenzenlosem Elend verwiesen. Sie befreundete
sich mit dem Buche, das diese Worte und noch manche
schmerzliche Erfahrung überliefert, und zog daraus einen
peinlichen Trost; wer dürfte diese schon in die Ewigkeit sich
erstreckende Wirkung wohl jemals verkümmern?

Mit dem größten Entzücken sieht man im Apollosaal der
Villa Aldobrandini zu Frascati, auf welche glückliche Weise
Domenichin die Ovidischen Metamorphosen mit der schick=

lichsten Örtlichkeit umgibt; dabei nun erinnert man sich gern, daß die glücklichsten Ereignisse doppelt selig empfunden werden, wenn sie uns in herrlicher Gegend gegönnt waren, ja daß gleichgültige Momente durch würdige Lokalität zu hoher Bedeutung gesteigert wurden.

Mannräuschlein nannte man im siebzehnten Jahrhundert gar ausdrucksvoll die Geliebte.

Liebes gewaschenes Seelchen ist der verliebteste Ausdruck auf Hiddensee.

Das Wahre ist eine Fackel, aber eine ungeheure; deswegen suchen wir alle nur blinzelnd so daran vorbeizukommen, in Furcht sogar, uns zu verbrennen.

Das eigentlich Unverständige sonst verständiger Menschen ist, daß sie nicht zurecht zu legen wissen, was ein anderer sagt, aber nicht gerade trifft, wie er's hätte sagen sollen.

Ein jeder, weil er spricht, glaubt, auch über die Sprache sprechen zu können.

Man darf nur alt werden, um milder zu sein; ich sehe keinen Fehler begehen, den ich nicht auch begangen hätte.

Der Handelnde ist immer gewissenlos; es hat niemand Gewissen als der Betrachtende.

Ob denn die Glücklichen glauben, daß der Unglückliche wie ein Gladiator mit Anstand vor ihnen umkommen solle, wie der römische Pöbel zu fordern pflegte?

Den Timon fragte jemand wegen des Unterrichts seiner Kinder. „Laßt sie", sagte der, „unterrichten in dem, was sie niemals begreifen werden."

Es gibt Personen, denen ich wohl will und wünschte, ihnen besser wollen zu können.

Wie man aus Gewohnheit nach einer abgelaufenen Uhr hinsieht, als wenn sie noch ginge, so blickt man auch wohl einer Schönen ins Gesicht, als wenn sie noch liebte.

Der Haß ist ein aktives Mißvergnügen, der Neid ein passives; deshalb darf man sich nicht wundern, wenn der Neid so schnell in Haß übergeht.

Der Rhythmus hat etwas Zauberisches, sogar macht er uns glauben, das Erhabene gehöre uns an.

Dilettantismus, ernstlich behandelt, und Wissenschaft, mecha= nisch betrieben, werden Pedanterei.

Die Kunst kann niemand fördern als der Meister. Gönner fördern den Künstler, das ist recht und gut; aber dadurch wird nicht immer die Kunst gefördert.

Shakespeare ist reich an wundersamen Tropen, die aus per= sonifizierten Begriffen entstehen und uns gar nicht kleiden würden, bei ihm aber völlig am Platze sind, weil zu seiner Zeit alle Kunst von der Allegorie beherrscht wurde. Auch findet derselbe Gleichnisse, wo wir sie nicht hernehmen würden; zum Beispiel vom Buche. Die Druckerkunst war schon über hundert Jahre erfunden, demohngeachtet erschien ein Buch noch als ein Heiliges, wie wir aus dem da=

maligen Einbande sehen, und so war es dem edlen Dichter lieb und ehrenwert; wir aber broschieren jetzt alles und haben nicht leicht vor dem Einbande noch seinem Inhalte Respekt.

Der törichtste von allen Irrtümern ist, wenn junge gute Köpfe glauben, ihre Originalität zu verlieren, indem sie das Wahre anerkennen, was von andern schon anerkannt worden.

Die Gelehrten sind meist gehässig, wenn sie widerlegen; einen Irrenden sehen sie gleich als ihren Todfeind an.

Die Schönheit kann nie über sich selbst deutlich werden.

Sobald man der subjektiven oder sogenannten sentimentalen Poesie mit der objektiven, darstellenden gleiche Rechte verlieh, wie es denn auch wohl nicht anders sein konnte, weil man sonst die moderne Poesie ganz hätte ablehnen müssen, so war voraus zu sehen, daß, wenn auch wahrhafte poetische Genies geboren werden sollten, sie doch immer mehr das Gemütliche des inneren Lebens als das Allgemeine des großen Weltlebens darstellen würden. Dieses ist nun in dem Grade eingetroffen, daß es eine Poesie ohne Tropen gibt, der man doch keineswegs allen Beifall versagen kann.

(1825)

Madame Roland, auf dem Blutgerüste, verlangte Schreibzeug, um die ganz besondern Gedanken aufzuschreiben, die ihr auf dem letzten Wege vorgeschwebt. Schade, daß man ihr's versagte; denn am Ende des Lebens gehen dem ge-

30

faßten Geiste Gedanken auf, bisher undenkbare; sie sind
wie selige Dämonen, die sich auf den Gipfeln der Ver=
gangenheit glänzend niederlassen.

Man sagt sich oft im Leben, daß man die Vielgeschäftig=
keit, Polypragmosyne, vermeiden, besonders, je älter man
wird, sich desto weniger in ein neues Geschäft einlassen
solle. Aber man hat gut reden, gut sich und anderen raten.
Älter werden heißt selbst ein neues Geschäft antreten; alle
Verhältnisse verändern sich, und man muß entweder zu
handeln ganz aufhören, oder mit Willen und Bewußtsein
das neue Rollenfach übernehmen.

Vom Absoluten in theoretischem Sinne wag' ich nicht zu
reden; behaupten aber darf ich, daß, wer es in der Er=
scheinung anerkannt und immer im Auge behalten hat, sehr
großen Gewinn davon erfahren wird.

In der Idee leben heißt das Unmögliche behandeln, als
wenn es möglich wäre. Mit dem Charakter hat es die=
selbe Bewandtnis: treffen beide zusammen, so entstehen
Ereignisse, worüber die Welt vom Erstaunen sich Jahr=
tausende nicht erholen kann.

Napoleon, der ganz in der Idee lebte, konnte sie doch im
Bewußtsein nicht erfassen; er leugnet alles Ideelle durch=
aus und spricht ihm jede Wirklichkeit ab, indessen er eifrig
es zu verwirklichen trachtet. Einen solchen innern perpetuier=
lichen Widerspruch kann aber sein klarer, unbestechlicher Ver=
stand nicht ertragen, und es ist höchst wichtig, wenn er,
gleichsam genötigt, sich darüber gar eigen und anmutig
ausdrückt.

Er betrachtet die Idee als ein geistiges Wesen, das zwar keine Realität hat, aber, wenn es verfliegt, ein Residuum (caput mortuum) zurückläßt, dem wir die Wirklichkeit nicht ganz absprechen können. Wenn dieses uns auch starr und materiell genug scheinen mag, so spricht er sich ganz anders aus, wenn er von den unaufhaltsamen Folgen seines Lebens und Treibens mit Glauben und Zutrauen die Seinen unterhält. Da gesteht er wohl gern, daß Leben Lebendiges hervorbringe, daß eine gründliche Befruchtung auf alle Zeiten hinauswirke. Er gefällt sich zu bekennen, daß er dem Weltgange eine frische Anregung, eine neue Richtung gegeben habe.

Höchst bemerkenswert bleibt es immer, daß Menschen, deren Persönlichkeit fast ganz Idee ist, sich so äußerst vor dem Phantastischen scheuen. So war Hamann, dem es unerträglich schien, wenn von Dingen einer andern Welt gesprochen wurde. Er drückte sich gelegentlich darüber in einem gewissen Paragraphen aus, den er aber, weil er ihm unzulänglich schien, vierzehnmal variierte und sich doch immer wahrscheinlich nicht genugtat. Zwei von diesen Versuchen sind uns übrig geblieben; einen dritten haben wir selbst gewagt, welchen hier abdrucken zu lassen, wir durch Obenstehendes veranlaßt sind.

Der Mensch ist als wirklich in die Mitte einer wirklichen Welt gesetzt und mit solchen Organen begabt, daß er das Wirkliche und nebenbei das Mögliche erkennen und hervorbringen kann. Alle gesunde Menschen haben die Überzeugung ihres Daseins und eines Daseienden um sie her. Indessen gibt es auch einen hohlen Fleck im Gehirn, das heißt eine Stelle, wo sich kein Gegenstand abspiegelt, wie

denn auch im Auge selbst ein Fleckchen ist, das nicht sieht.
Wird der Mensch auf diese Stelle besonders aufmerksam,
vertieft er sich darin, so verfällt er in eine Geisteskrankheit,
ahnet hier Dinge aus einer andern Welt, die aber eigent=
lich Undinge sind und weder Gestalt noch Begrenzung
haben, sondern als leere Nacht=Räumlichkeit ängstigen und
den, der sich nicht losreißt, mehr als gespensterhaft ver=
folgen.

Wie wenig von dem Geschehenen ist geschrieben worden,
wie wenig von dem Geschriebenen gerettet! Die Literatur
ist von Haus aus fragmentarisch, sie enthält nur Denk=
male des menschlichen Geistes, insofern sie in Schriften
verfaßt und zuletzt übrig geblieben sind.

Und doch bei aller Unvollständigkeit des Literarwesens finden
wir tausendfältige Wiederholung, woraus hervorgeht, wie
beschränkt des Menschen Geist und Schicksal sei.

Die Frage, wer höher steht, der Historiker oder der Dichter,
darf gar nicht aufgeworfen werden; sie konkurrieren nicht
miteinander, so wenig als der Wettläufer und der Faust=
kämpfer. Jedem gebührt seine eigene Krone.

Die Pflicht des Historikers ist zwiefach: erst gegen sich selbst,
dann gegen den Leser. Bei sich selbst muß er genau prüfen,
was wohl geschehen sein könnte, und um des Lesers willen
muß er festsetzen, was geschehen sei. Wie er mit sich selbst
handelt, mag er mit seinen Kollegen ausmachen; das
Publikum muß aber nicht ins Geheimnis hineinsehen, wie
wenig in der Geschichte als entschieden ausgemacht kann
angesprochen werden.

Es geht uns mit Büchern wie mit neuen Bekanntschaften. Die erste Zeit sind wir hoch vergnügt, wenn wir im allgemeinen Übereinstimmung finden, wenn wir uns an irgend einer Hauptseite unserer Existenz freundlich berührt fühlen; bei näherer Bekanntschaft treten alsdann erst die Differenzen hervor, und da ist denn die Hauptsache eines vernünftigen Betragens, daß man nicht, wie etwa in der Jugend geschieht, sogleich zurückschaudere, sondern daß man gerade das Übereinstimmende recht festhalte und sich über die Differenzen vollkommen aufkläre, ohne sich deshalb vereinigen zu wollen.

Wer viel mit Kindern lebt, wird finden, daß keine äußere Einwirkung auf sie ohne Gegenwirkung bleibt.

Die Gegenwirkung eines vorzüglich kindlichen Wesens ist sogar leidenschaftlich, das Eingreifen tüchtig.

Deshalb leben Kinder in Schnellurteilen, um nicht zu sagen in Vorurteilen; denn bis das schnell, aber einseitig Gefaßte sich auslöscht, um einem Allgemeinern Platz zu machen, erfordert es Zeit. Hierauf zu achten, ist eine der größten Pflichten des Erziehers.

Ein zweijähriger Knabe hatte die Geburtstagsfeier begriffen, an der seinigen die bescherten Gaben mit Dank und Freude sich zugeeignet, nicht weniger dem Bruder die seinigen bei gleichem Feste gegönnt.
Hiedurch veranlaßt, fragte er am Weihnachtsabend, wo so viele Geschenke vorlagen, wann denn sein Weihnachten komme. Dies allgemeine Fest zu begreifen, war noch ein ganzes Jahr nötig.

Die große Schwierigkeit bei psychologischen Reflexionen ist,
daß man immer das Innere und Äußere parallel oder viel=
mehr verflochten betrachten muß. Es ist immerfort Systole
und Diastole, Einatmen und Ausatmen des lebendigen
Wesens; kann man es auch nicht aussprechen, so beobachte
man es genau und merke darauf.

Mein Verhältnis zu Schiller gründete sich auf die entschie=
dene Richtung beider auf einen Zweck, unsere gemeinsame
Tätigkeit auf die Verschiedenheit der Mittel, wodurch wir
jenen zu erreichen strebten. Bei einer zarten Differenz, die
einst zwischen uns zur Sprache kam, und woran ich durch
eine Stelle seines Briefs wieder erinnert werde, macht ich
folgende Betrachtungen. Es ist ein großer Unterschied, ob
der Dichter zum Allgemeinen das Besondere sucht oder im
Besondern das Allgemeine schaut. Aus jener Art entsteht
Allegorie, wo das Besondere nur als Beispiel, als Exempel
des Allgemeinen gilt; die letztere aber ist eigentlich die Natur
der Poesie, sie spricht ein Besonderes aus, ohne ans Allge=
meine zu denken oder darauf hinzuweisen. Wer nun dieses
Besondere lebendig faßt, erhält zugleich das Allgemeine
mit, ohne es gewahr zu werden, oder erst spät.

Den einzelnen Verkehrtheiten des Tags sollte man immer
nur große weltgeschichtliche Massen entgegensetzen.

(1826)

Eigentlich weiß man nur, wenn man wenig weiß; mit
dem Wissen wächst der Zweifel.

Die Irrtümer des Menschen machen ihn eigentlich liebens=
würdig.

Es gibt Menschen, die ihr Gleiches lieben und aufsuchen, und wieder solche, die ihr Gegenteil lieben und diesem nachgehn.

Wer sich von jeher erlaubt hätte, die Welt so schlecht anzusehen, wie uns die Widersacher darstellen, der müßte ein miserables Subjekt geworden sein.

Mißgunst und Haß beschränken den Beobachter auf die Oberfläche, selbst wenn Scharfsinn sich zu ihnen gesellt; verschwistert sich dieser hingegen mit Wohlwollen und Liebe, so durchdringt er die Welt und den Menschen, ja er kann hoffen, zum Allerhöchsten zu gelangen.

Einem jeden wohlgesinnten Deutschen ist eine gewisse Portion poetischer Gabe zu wünschen als das wahre Mittel, seinen Zustand, von welcher Art er auch sei, mit Wert und Anmut einigermaßen zu umkleiden.

Den Stoff sieht jedermann vor sich, den Gehalt findet nur der, der etwas dazu zu tun hat, und die Form ist ein Geheimnis den meisten.

Die Menschen halten sich mit ihren Neigungen ans Lebendige. Die Jugend bildet sich wieder an der Jugend.

Wir mögen die Welt kennen lernen, wie wir wollen, sie wird immer eine Tag= und eine Nachtseite behalten.

Der Irrtum wiederholt sich immerfort in der Tat, deswegen muß man das Wahre unermüdlich in Worten wiederholen.

Wie in Rom außer den Römern noch ein Volk von Statuen war, so ist außer dieser realen Welt noch eine Welt des Wahns, viel mächtiger beinahe, in der die meisten leben.

Die Menschen sind wie das Rote Meer: der Stab hat sie kaum auseinander gehalten, gleich hinterdrein fließen sie wieder zusammen.

Pflicht des Historikers, das Wahre vom Falschen, das Gewisse vom Ungewissen, das Zweifelhafte vom Verwerflichen zu unterscheiden.

Eine Chronik schreibt nur derjenige, dem die Gegenwart wichtig ist.

Die Gedanken kommen wieder, die Überzeugungen pflanzen sich fort; die Zustände gehen unwiederbringlich vorüber.

Übersetzer sind als geschäftige Kuppler anzusehen, die uns eine halbverschleierte Schöne als höchst liebenswürdig anpreisen: sie erregen eine unwiderstehliche Neigung nach dem Original.

Das Altertum setzen wir gern über uns, aber die Nachwelt nicht. Nur ein Vater neidet seinem Sohn nicht das Talent.

Sich subordinieren ist überhaupt keine Kunst; aber in absteigender Linie, in der Deszendenz etwas über sich erkennen, was unter einem steht!

Unser ganzes Kunststück besteht darin, daß wir unsere Existenz aufgeben, um zu existieren.

Alles, was wir treiben und tun, ist ein Abmüden; wohl dem, der nicht müde wird!

Erfahrung kann sich ins Unendliche erweitern, Theorie nicht in eben dem Sinne reinigen und vollkommener werden. Jener steht das Universum nach allen Richtungen offen, diese bleibt innerhalb der Grenze der menschlichen Fähigkeiten eingeschlossen. Deshalb müssen alle Vorstellungsarten wiederkehren, und der wunderliche Fall tritt ein, daß bei erweiterter Erfahrung eine bornierte Theorie wieder Gunst erwerben kann.

Es ist immer dieselbe Welt, die der Betrachtung offen steht, die immerfort angeschaut oder geahnet wird, und es sind immer dieselben Menschen, die im Wahren oder Falschen leben, im letzten bequemer als im ersten.

Die Wahrheit widerspricht unserer Natur, der Irrtum nicht, und zwar aus einem sehr einfachen Grunde: die Wahrheit fordert, daß wir uns für beschränkt erkennen sollen, der Irrtum schmeichelt uns, wir seien auf ein= oder die andere Weise unbegrenzt.

Daß Menschen dasjenige noch zu können glauben, was sie gekonnt haben, ist natürlich genug; daß andere zu vermögen glauben, was sie nie vermochten, ist wohl seltsam, aber nicht selten.

Zu allen Zeiten sind es nur die Individuen, welche für die Wissenschaft gewirkt, nicht das Zeitalter. Das Zeitalter war's, das den Sokrates durch Gift hinrichtete, das

38

Zeitalter, das Huffen verbrannte: die Zeitalter sind sich immer gleichgeblieben.

Das ist die wahre Symbolik, wo das Besondere das Allgemeinere repräsentiert, nicht als Traum und Schatten, sondern als lebendig=augenblickliche Offenbarung des Unerforschlichen.

Alles Ideelle, sobald es vom Realen gefordert wird, zehrt endlich dieses und sich selbst auf. So der Kredit (Papiergeld) das Silber und sich selbst.

Die Meisterschaft gilt oft für Egoismus.

Sobald die guten Werke und das Verdienstliche derselben aufhören, sogleich tritt die Sentimentalität dafür ein, bei den Protestanten.

Es ist eben, als ob man es selbst vermöchte, wenn man sich guten Rats erholen kann.

Die Wahlsprüche deuten auf das, was man nicht hat, wonach man strebt. Man stellt sich solches wie billig immer vor Augen.

Der Despotismus fördert die Autokratie eines jeden, indem er von oben bis unten die Verantwortlichkeit dem Individuum zumutet und so den höchsten Grad von Tätigkeit hervorbringt.

Alles Spinozistische in der poetischen Produktion wird in der Reflexion Machiavellismus.

Man muß seine Irrtümer teuer bezahlen, wenn man sie loswerden will, und dann hat man noch von Glück zu sagen.

Wenn ein deutscher Literator seine Nation vormals beherrschen wollte, so mußte er ihr nur glauben machen, es sei einer da, der sie beherrschen wolle. Da waren sie gleich so verschüchtert, daß sie sich, von wem es auch wäre, gern beherrschen ließen.

Geselligkeit lag in meiner Natur; deswegen ich bei vielfachem Unternehmen mir Mitarbeiter gewann und mich ihnen zum Mitarbeiter bildete und so das Glück erreichte, mich in ihnen und sie in mir fortleben zu sehn.

Mein ganzes inneres Wirken erwies sich als eine lebendige Heuristik, welche, eine unbekannte geahnte Regel anerkennend, solche in der Außenwelt zu finden und in die Außenwelt einzuführen trachtet.

Es gibt eine enthusiastische Reflexion, die von dem größten Wert ist, wenn man sich von ihr nur nicht hinreißen läßt.

Nur in der Schule selbst ist die eigentliche Vorschule.

Der Irrtum verhält sich gegen das Wahre wie der Schlaf gegen das Wachen. Ich habe bemerkt, daß man aus dem Irren sich wie erquickt wieder zu dem Wahren hinwende.

Ein jeder leidet, der nicht für sich selbst handelt. Man handele für andere, um mit ihnen zu genießen.

Das Faßliche gehört der Sinnlichkeit und dem Verstande.

Hieran schließt sich das Gehörige, welches verwandt ist mit dem Schicklichen. Das Gehörige jedoch ist ein Verhältnis zu einer besondern Zeit und entschiedenen Umständen.

Eigentlich lernen wir nur von Büchern, die wir nicht beurteilen können. Der Autor eines Buchs, das wir beurteilen könnten, müßte von uns lernen.

Deshalb ist die Bibel ein ewig wirksames Buch, weil, solange die Welt steht, niemand auftreten und sagen wird: ich begreife es im ganzen und verstehe es im einzelnen. Wir aber sagen bescheiden: im ganzen ist es ehrwürdig und im einzelnen anwendbar.

Alle Mystik ist ein Transzendieren und ein Ablösen von irgend einem Gegenstande, den man hinter sich zu lassen glaubt. Je größer und bedeutender dasjenige war, dem man absagt, desto reicher sind die Produktionen des Mystikers.

Christliche Mystiker sollte es gar nicht geben, da die Religion selbst Mysterien darbietet. Auch gehen sie immer gleich ins Abstruse, in den Abgrund des Subjekts.

Die Deutschen sollten in einem Zeitraume von dreißig Jahren das Wort Gemüt nicht aussprechen, dann würde nach und nach Gemüt sich wieder erzeugen; jetzt heißt es nur Nachsicht mit Schwächen, eignen und fremden.

Die Vorurteile der Menschen beruhen auf dem jedesmaligen Charakter der Menschen, daher sind sie, mit dem Zustand innig vereinigt, ganz unüberwindlich; weder Evidenz noch Verstand noch Vernunft haben den mindesten Einfluß darauf.

Charaktere machen oft die Schwäche zum Gesetz. Welt=
kenner haben gesagt: „Die Klugheit ist unüberwindlich, hinter
welcher sich die Furcht versteckt." Schwache Menschen haben
oft revolutionäre Gesinnungen; sie meinen, es wäre ihnen
wohl, wenn sie nicht regiert würden, und fühlen nicht, daß
sie weder sich noch andere regieren können.

In eben dem Falle sind die neuern deutschen Künstler: den
Zweig der Kunst, den sie nicht besitzen, erklären sie für
schädlich und daher wegzuhauen.

Der Menschenverstand wird mit dem gesunden Menschen
rein geboren, entwickelt sich aus sich selbst und offenbart
sich durch ein entschiedenes Gewahrwerden und Anerkennen
des Notwendigen und Nützlichen. Praktische Männer und
Frauen bedienen sich dessen mit Sicherheit. Wo er mangelt,
halten beide Geschlechter, was sie begehren, für notwendig
und für nützlich, was ihnen gefällt.

Alle Menschen, wie sie zur Freiheit gelangen, machen ihre
Fehler gelten: die Starken das Übertreiben, die Schwachen
das Vernachlässigen.

Der Kampf des Alten, Bestehenden, Beharrenden mit Ent=
wicklung, Aus= und Umbildung ist immer derselbe. Aus
aller Ordnung entsteht zuletzt Pedanterie; um diese los zu
werden, zerstört man jene, und es geht eine Zeit hin, bis
man gewahr wird, daß man wieder Ordnung machen müsse.
Klassizismus und Romantizismus, Innungszwang und Ge=
werbsfreiheit, Festhalten und Zersplittern des Grundbodens:
es ist immer derselbe Konflikt, der zuletzt wieder einen neuen
erzeugt. Der größte Verstand des Regierenden wäre daher,

diesen Kampf so zu mäßigen, daß er ohne Untergang der einen Seite sich ins Gleiche stellte; dies ist aber den Menschen nicht gegeben, und Gott scheint es auch nicht zu wollen.

Welche Erziehungsart ist für die beste zu halten? Antwort: die der Hydrioten. Als Insulaner und Seefahrer nehmen sie ihre Knaben gleich mit zu Schiffe und lassen sie im Dienste herankrabbeln. Wie sie etwas leisten, haben sie teil am Gewinn; und so kümmern sie sich schon um Handel, Tausch und Beute, und es bilden sich die tüchtigsten Küsten- und Seefahrer, die klügsten Handelsleute und verwegensten Piraten. Aus einer solchen Masse können denn freilich Helden hervortreten, die den verderblichen Brander mit eigener Hand an das Admiralschiff der feindlichen Flotte festklammern.

Alles Vortreffliche beschränkt uns für einen Augenblick, indem wir uns demselben nicht gewachsen fühlen; nur insofern wir es nachher in unsere Kultur aufnehmen, es unsern Geist- und Gemütskräften aneignen, wird es uns lieb und wert.

Kein Wunder, daß wir uns alle mehr oder weniger im Mittelmäßigen gefallen, weil es uns in Ruhe läßt; es gibt das behagliche Gefühl, als wenn man mit seinesgleichen umginge.

Das Gemeine muß man nicht rügen; denn das bleibt sich ewig gleich.

Wir können einem Widerspruch in uns selbst nicht entgehen; wir müssen ihn auszugleichen suchen. Wenn uns andere widersprechen, das geht uns nichts an, das ist ihre Sache.

Es ist soviel gleichzeitig Tüchtiges und Treffliches auf der Welt aber es berührt sich nicht.

Welche Regierung die beste sei? Diejenige, die uns lehrt, uns selbst zu regieren.

Dozieren kannst du Tüchtiger freilich nicht; es ist, wie das Predigen, durch unsern Zustand geboten, wahrhaft nützlich, wenn Konversation und Katechisation sich anschließen, wie es auch ursprünglich gehalten wurde. Lehren aber kannst du und wirst du, das ist: wenn Tat dem Urteil, Urteil der Tat zum Leben hilft.

Gegen die drei Einheiten ist nichts zu sagen, wenn das Sujet sehr einfach ist; gelegentlich aber werden dreimal drei Einheiten, glücklich verschlungen, eine sehr angenehme Wirkung tun.

Wenn die Männer sich mit den Weibern schleppen, so werden sie so gleichsam abgesponnen wie ein Wocken.

Es kann wohl sein, daß der Mensch durch öffentliches und häusliches Geschick zuzeiten gräßlich gedroschen wird; allein das rücksichtlose Schicksal, wenn es die reichen Garben trifft, zerknittert nur das Stroh, die Körner aber spüren nichts davon und springen lustig auf der Tenne hin und wieder, unbekümmert, ob sie zur Mühle, ob sie zum Saatfeld wandern.

Shakespeares trefflichsten Theaterstücken mangelt es hie und da an Fazilität: sie sind etwas mehr, als sie sein sollten, und eben deshalb deuten sie auf den großen Dichter.

Die größte Wahrscheinlichkeit der Erfüllung läßt noch einen Zweifel zu; daher ist das Gehoffte, wenn es in die Wirklichkeit eintritt, jederzeit überraschend.

Allen andern Künsten muß man etwas vorgeben, der griechischen allein bleibt man ewig Schuldner.

„Vis superba formae." Ein schönes Wort von Johannes Secundus.

Die Sentimentalität der Engländer ist humoristisch und zart, der Franzosen populär und weinerlich, der Deutschen naiv und realistisch.

Das Absurde, mit Geschmack dargestellt, erregt Widerwillen und Bewunderung.

Von der besten Gesellschaft sagt man: ihr Gespräch ist unterrichtend, ihr Schweigen bildend.

Von einem bedeutenden frauenzimmerlichen Gedichte sagte jemand, es habe mehr Energie als Enthusiasmus, mehr Charakter als Gehalt, mehr Rhetorik als Poesie und im ganzen etwas Männliches.

Es ist nichts schrecklicher als eine tätige Unwissenheit.

Schönheit und Geist muß man entfernen, wenn man nicht ihr Knecht werden will.

Der Mystizismus ist die Scholastik des Herzens, die Dialektik des Gefühls.

Man schont die Alten, wie man die Kinder schont.

Der Alte verliert eins der größten Menschenrechte: er wird nicht mehr von seinesgleichen beurteilt.

Es ist mir in den Wissenschaften gegangen wie einem, der früh aufsteht, in der Dämmerung die Morgenröte, sodann aber die Sonne ungeduldig erwartet und doch, wie sie hervortritt, geblendet wird.

Man streitet viel und wird viel streiten über Nutzen und Schaden der Bibelverbreitung. Mir ist klar: schaden wird sie wie bisher, dogmatisch und phantastisch gebraucht; nutzen wie bisher, didaktisch und gefühlvoll aufgenommen.

Große, von Ewigkeit her oder in der Zeit entwickelte, ursprüngliche Kräfte wirken unaufhaltsam, ob nutzend oder schadend, das ist zufällig.

Die Idee ist ewig und einzig; daß wir auch den Plural brauchen, ist nicht wohlgetan. Alles, was wir gewahr werden und wovon wir reden können, sind nur Manifestationen der Idee; Begriffe sprechen wir aus, und insofern ist die Idee selbst ein Begriff.

Im Ästhetischen tut man nicht wohl zu sagen: die Idee des Schönen; dadurch vereinzelt man das Schöne, das doch einzeln nicht gedacht werden kann. Vom Schönen kann man einen Begriff haben, und dieser Begriff kann überliefert werden.

Die Manifestation der Idee als des Schönen ist ebenso flüchtig als die Manifestation des Erhabenen, des Geistreichen, des Lustigen, des Lächerlichen. Dies ist die Ursache, warum so schwer darüber zu reden ist.

Echt ästhetisch-didaktisch könnte man sein, wenn man mit seinen Schülern an allem Empfindungswerten vorüberginge oder es ihnen zubrächte im Moment, wo es kulminiert und sie höchst empfänglich sind. Da aber diese Forderung nicht zu erfüllen ist, so müßte der höchste Stolz des Katheder= lehrers sein, die Begriffe so vieler Manifestationen in seinen Schülern dergestalt zum Leben zu bringen, daß sie für alles Gute, Schöne, Große, Wahre empfänglich würden, um es mit Freuden aufzufassen, wo es ihnen zur rechten Stunde begegnete. Ohne daß sie es merkten und wüßten, wäre somit die Grundidee, woraus alles hervorgeht, in ihnen lebendig geworden.

Wie man gebildete Menschen sieht, so findet man, daß sie nur für eine Manifestation des Urwesens oder doch nur für wenige empfänglich sind, und das ist schon genug. Das Talent entwickelt im Praktischen alles und braucht von den theoretischen Einzelheiten nicht Notiz zu nehmen: der Musi= kus kann ohne seinen Schaden den Bildhauer ignorieren und umgekehrt.

Man soll sich alles praktisch denken und deshalb auch dahin trachten, daß verwandte Manifestationen der großen Idee, insofern sie durch Menschen zur Erscheinung kommen sollen, auf eine gehörige Weise ineinander wirken. Malerei, Plastik und Mimik stehen in einem unzertrennlichen Bezug; doch muß der Künstler, zu dem einen berufen, sich hüten, von dem andern beschädigt zu werden: der Bildhauer kann sich vom Maler, der Maler vom Mimiker verführen lassen, und alle drei können einander so verwirren, daß keiner derselben auf den Füßen stehen bleibt.

Die mimische Tanzkunst würde eigentlich alle bildenden Künste zugrunde richten, und mit Recht. Glücklicherweise ist der Sinnenreiz, den sie bewirkt, so flüchtig, und sie muß, um zu reizen, ins Übertriebene gehen. Dieses schreckt die übrigen Künstler glücklicherweise sogleich ab; doch können sie, wenn sie klug und vorsichtig sind, viel dabei lernen.

(1827)

Das erste und letzte, was vom Genie gefordert wird, ist Wahrheitsliebe.

Wer gegen sich selbst und andere wahr ist und bleibt, besitzt die schönste Eigenschaft der größten Talente.

Die Kunst ist eine Vermittlerin des Unaussprechlichen; darum scheint es eine Torheit, sie wieder durch Worte vermitteln zu wollen. Doch indem wir uns darin bemühen, findet sich für den Verstand so mancher Gewinn, der dem ausübenden Vermögen auch wieder zugute kommt.

Die Liebe, deren Gewalt die Jugend empfindet, ziemt nicht dem Alten, so wie alles, was Produktivität voraussetzt. Daß diese sich mit den Jahren erhält, ist ein seltner Fall.

Alle Ganz- und Halbpoeten machen uns mit der Liebe dergestalt bekannt, daß sie müßte trivial geworden sein, wenn sie sich nicht naturgemäß in voller Kraft und Glanz immer wieder erneute.

Der Mensch, abgesehen von der Herrschaft, in welcher die Passion ihn fesselt, ist noch von manchen notwendigen Verhältnissen gebunden. Wer diese nicht kennt oder in Liebe umwandeln will, der muß unglücklich werden.

Alle Liebe bezieht sich auf Gegenwart; was mir in der Gegenwart angenehm ist, sich abwesend mir immer darstellt, den Wunsch des erneuerten Gegenwärtigseins immerfort erregt, bei Erfüllung dieses Wunsches von einem lebhaften Entzücken, bei Fortsetzung dieses Glücks von einer immer gleichen Anmut begleitet wird, das eigentlich lieben wir, und hieraus folgt, daß wir alles lieben können, was zu unserer Gegenwart gelangen kann; ja um das Letzte auszusprechen: die Liebe des Göttlichen strebt immer darnach, sich das Höchste zu vergegenwärtigen.

Ganz nahe daran steht die Neigung, aus der nicht selten Liebe sich entwickelt. Sie bezieht sich auf ein reines Verhältnis, das in allem der Liebe gleicht, nur nicht in der notwendigen Forderung einer fortgesetzten Gegenwart.

Diese Neigung kann nach vielen Seiten gerichtet sein, sich auf manche Personen und Gegenstände beziehen, und sie ist es eigentlich, die den Menschen, wenn er sie sich zu erhalten weiß, in einer schönen Folge glücklich macht. Es ist einer eignen Betrachtung wert, daß die Gewohnheit sich vollkommen an die Stelle der Liebesleidenschaft setzen kann: sie fordert nicht sowohl eine anmutige als bequeme Gegenwart; alsdann aber ist sie unüberwindlich. Es gehört viel dazu, ein gewohntes Verhältnis aufzuheben; es besteht gegen alles Widerwärtige; Mißvergnügen, Unwillen, Zorn vermögen nichts gegen dasselbe; ja es überdauert die Verachtung, den Haß. Ich weiß nicht, ob es einem Romanschreiber geglückt ist, dergleichen vollkommen darzustellen, auch müßte er es nur beiläufig, episodisch unternehmen; denn er würde immer bei einer genauen Entwicklung mit manchen Unwahrscheinlichkeiten zu kämpfen haben.

Aus den Heften zur Morphologie

(1822)

Das Höchste, was wir von Gott und der Natur erhalten haben, ist das Leben, die rotierende Bewegung der Monas um sich selbst, welche weder Rast noch Ruhe kennt; der Trieb, das Leben zu hegen und zu pflegen, ist einem jeden unverwüstlich eingeboren, die Eigentümlichkeit desselben jedoch bleibt uns und andern ein Geheimnis.

Die zweite Gunst der von oben wirkenden Wesen ist das Erlebte, das Gewahrwerden, das Eingreifen der lebendig=beweglichen Monas in die Umgebungen der Außenwelt, wodurch sie sich erst selbst als innerlich Grenzenloses, als äußerlich Begrenztes gewahr wird. Über dieses Erlebte können wir, obgleich Anlage, Aufmerksamkeit und Glück dazu gehört, in uns selbst klar werden; andern bleibt aber auch dies immer ein Geheimnis.

Als Drittes entwickelt sich nun dasjenige, was wir als Hand=lung und Tat, als Wort und Schrift gegen die Außen=welt richten; dieses gehört derselben mehr an als uns selbst, sowie sie sich darüber auch eher verständigen kann, als wir es selbst vermögen; jedoch fühlt sie, daß sie, um recht klar darüber zu werden, auch von unserm Erlebten soviel als möglich zu erfahren habe. Weshalb man auch auf Jugend=anfänge, Stufen der Bildung, Lebenseinzelheiten, Anekdoten und dergleichen höchst begierig ist.

Dieser Wirkung nach außen folgt unmittelbar eine Rück=wirkung, es sei nun, daß Liebe uns zu fördern suche oder Haß uns zu hindern wisse. Dieser Konflikt bleibt sich im

Leben ziemlich gleich, indem ja der Mensch sich gleichbleibt und ebenso alles dasjenige, was Zuneigung oder Abneigung an seiner Art zu sein empfinden muß.

Was Freunde mit und für uns tun, ist auch ein Erlebtes; denn es stärkt und fördert unsere Persönlichkeit. Was Feinde gegen uns unternehmen, erleben wir nicht, wir erfahren's nur, lehnen's ab und schützen uns dagegen wie gegen Frost, Sturm, Regen und Schloßenwetter oder sonst äußere Übel, die zu erwarten sind.

Man mag nicht mit jedem leben, und so kann man auch nicht für jeden leben; wer das recht einsieht, wird seine Freunde höchlich zu schätzen wissen, seine Feinde nicht hassen noch verfolgen; vielmehr erlangt der Mensch nicht leicht einen größeren Vorteil, als wenn er die Vorzüge seiner Widersacher gewahr werden kann: dies gibt ihm ein entschiedenes Übergewicht über sie.

Gehen wir in die Geschichte zurück, so finden wir überall Persönlichkeiten, mit denen wir uns vertrügen, andere, mit denen wir uns gewiß in Widerstreit befänden.

Das Wichtigste bleibt jedoch das Gleichzeitige, weil es sich in uns am reinsten abspiegelt, wir uns in ihm.

Cato ward in seinem Alter gerichtlich angeklagt, da er denn in seiner Verteidigungsrede hauptsächlich hervorhob, man könne sich vor niemand verteidigen als vor denen, mit denen man gelebt habe. Und er hat vollkommen recht: wie will eine Jury aus Prämissen urteilen, die ihr ganz abgehen? wie will sie sich über Motive beraten, die schon längst hinter ihr liegen?

Das Erlebte weiß jeder zu schätzen, am meisten der Denkende und Nachsinnende im Alter; er fühlt mit Zuversicht und Behaglichkeit, daß ihm das niemand rauben kann.

Wer die Entdeckung der Luftballone mit erlebt hat, wird ein Zeugnis geben, welche Weltbewegung daraus entstand, welcher Anteil die Luftschiffer begleitete, welche Sehnsucht in soviel tausend Gemütern hervordrang, an solchen längst vorausgesetzten, vorausgesagten, immer geglaubten und immer unglaublichen, gefahrvollen Wanderungen teilzunehmen, wie frisch und umständlich jeder einzelne glückliche Versuch die Zeitungen füllte, zu Tagesheften und Kupfern Anlaß gab, welchen zarten Anteil man an den unglücklichen Opfern solcher Versuche genommen. Dies ist unmöglich selbst in der Erinnerung wiederherzustellen, so wenig, als wie lebhaft man sich für einen vor dreißig Jahren ausgebrochenen, höchst bedeutenden Krieg interessierte.

Die schönste Metempsychose ist die, wenn wir uns im andern wieder auftreten sehn.

Gar selten tun wir uns selbst genug; desto tröstender ist es, andern genug getan zu haben.

Wir sehen in unser Leben doch nur als in ein Zerstückeltes zurück, weil das Versäumte, Mißlungene uns immer zuerst entgegentritt und das Geleistete, Erreichte in der Einbildungskraft überwiegt.

Davon kommt dem teilnehmenden Jüngling nichts zur Erscheinung; er sieht, genießt, benutzt die Jugend eines Vorfahren und erbaut sich selbst daran aus dem Innersten heraus, als wenn er schon einmal gewesen wäre, was er ist.

Die Wissenschaft wird dadurch sehr zurückgehalten, daß man sich abgibt mit dem, was nicht wissenswert, und mit dem, was nicht wißbar ist.

Die höhere Empirie verhält sich zur Natur wie der Menschenverstand zum praktischen Leben.

Vor den Urphänomenen, wenn sie unseren Sinnen enthüllt erscheinen, fühlen wir eine Art von Scheu, bis zur Angst. Die sinnlichen Menschen retten sich ins Erstaunen; geschwind aber kommt der tätige Kuppler Verstand und will auf seine Weise das Edelste mit dem Gemeinsten vermitteln.

Es ist mit den Ableitungsgründen wie mit den Einteilungsgründen: sie müssen durchgehen, oder es ist gar nichts dran.

Auch in Wissenschaften kann man eigentlich nichts wissen, es will immer getan sein.

Alles wahre Aperçu kömmt aus einer Folge und bringt Folge. Es ist ein Mittelglied einer großen, produktiv aufsteigenden Kette.

Die Wissenschaft hilft uns vor allem, daß sie das Staunen, wozu wir von Natur berufen sind, einigermaßen erleichtere; sodann aber, daß sie dem immer gesteigerten Leben neue Fertigkeiten erwecke zu Abwendung des Schädlichen und Einleitung des Nutzbaren.

Man klagt über wissenschaftliche Akademien, daß sie nicht frisch genug ins Leben eingreifen; das liegt aber nicht an ihnen, sondern an der Art, die Wissenschaften zu behandeln, überhaupt.

Aus den Heften zur Naturwissenschaft

(1823)

Wenn ein Wissen reif ist, Wissenschaft zu werden, so muß notwendig eine Krise entstehen; denn es wird die Differenz offenbar zwischen denen, die das Einzelne trennen und getrennt darstellen, und solchen, die das Allgemeine im Auge haben und gern das Besondere an= und einfügen möchten. Wie nun aber die wissenschaftliche, ideelle, umgreifendere Behandlung sich mehr und mehr Freunde, Gönner und Mitarbeiter wirbt, so bleibt auf der höheren Stufe jene Trennung zwar nicht so entschieden, aber doch genugsam merklich. Diejenigen, welche ich die Universalisten nennen möchte, sind überzeugt und stellen sich vor: daß alles überall, obgleich mit unendlichen Abweichungen und Mannigfaltigkeiten, vorhanden und vielleicht auch zu finden sei; die andern, die ich Singularisten benennen will, gestehen den Hauptpunkt im allgemeinen zu, ja sie beobachten, bestimmen und lehren hiernach; aber immer wollen sie Ausnahmen finden da, wo der ganze Typus nicht ausgesprochen ist, und darin haben sie recht. Ihr Fehler aber ist nur, daß sie die Grundgestalt verkennen, wo sie sich verhüllt, und leugnen, wenn sie sich verbirgt. Da nun beide Vorstellungsweisen ursprünglich sind und sich einander ewig gegenüberstehen werden, ohne sich zu vereinigen oder aufzuheben, so hüte man ja sich vor aller Kontrovers und stelle seine Überzeugung klar und nackt hin.

So wiederhole ich die meinige: daß man auf diesen höheren Stufen nicht wissen kann, sondern tun muß; so wie an einem Spiele wenig zu wissen und alles zu leisten ist. Die Natur hat uns das Schachbrett gegeben, aus dem wir nicht hinaus wirken können noch wollen, sie hat uns die Steine geschnitzt, deren Wert, Bewegung und Vermögen nach und nach bekannt werden: nun ist es an uns, Züge zu tun, von denen wir uns Gewinn versprechen; dies versucht nun ein jeder auf seine Weise und läßt sich nicht gern einreden. Mag das also geschehen, und beobachten wir nur vor allem genau, wie nah oder fern ein jeder von uns stehe, und vertragen uns sodann vorzüglich mit denjenigen, die sich zu der Seite bekennen, zu der wir uns halten. Ferner bedenke man, daß man immer mit einem unauflöslichen Problem zu tun habe, und erweise sich frisch und treu, alles zu beachten, was irgend auf eine Art zur Sprache kommt, am meisten dasjenige, was uns widerstrebt; denn dadurch wird man am ersten das Problematische gewahr, welches zwar in den Gegenständen selbst, mehr aber noch in den Menschen liegt. Ich bin nicht gewiß, ob ich in diesem so wohl bearbeiteten Felde persönlich weiter wirke, doch behalte ich mir vor, auf diese oder jene Wendung des Studiums, auf diese oder jene Schritte der Einzelnen aufmerksam zu sein und aufmerksam zu machen.

Allein kann der Mensch nicht wohl bestehen, daher schlägt er sich gern zu einer Partei, weil er da, wenn auch nicht Ruhe, doch Beruhigung und Sicherheit findet.

Es gibt wohl zu diesem oder jenem Geschäft von Natur unzulängliche Menschen; Übereilung und Dünkel jedoch sind gefährliche Dämonen, die den Fähigsten unzulänglich machen, alle Wirkung zum Stocken bringen, freie Fortschritte lähmen. Dies gilt von weltlichen Dingen, besonders auch von Wissenschaften.

Im Reich der Natur waltet Bewegung und Tat, im Reiche der Freiheit Anlage und Willen. Bewegung ist

ewig und tritt bei jeder günstigen Bedingung unwider=
stehlich in die Erscheinung. Anlagen entwickeln sich zwar
auch naturgemäß, müssen aber erst durch den Willen geübt
und nach und nach gesteigert werden. Deswegen ist man
des freiwilligen Willens so gewiß nicht als der selbständigen
Tat: diese tut sich selbst, er aber wird getan; denn er muß,
um vollkommen zu werden und zu wirken, sich im Sitt=
lichen dem Gewissen, das nicht irrt, im Kunstreiche aber
der Regel fügen, die nirgends ausgesprochen ist. Das Ge=
wissen bedarf keines Ahnherrn, mit ihm ist alles gegeben;
es hat nur mit der innern eigenen Welt zu tun. Das
Genie bedürfte auch keine Regel, wäre sich selbst genug,
gäbe sich selbst die Regel; da es aber nach außen wirkt, so
ist es vielfach bedingt durch Stoff und Zeit, und an beiden
muß es notwendig irre werden; deswegen es mit allem,
was eine Kunst ist, mit dem Regiment wie mit Gedicht,
Statue und Gemälde, durchaus so wunderlich und unsicher
aussieht.

Es ist eine schlimme Sache, die doch manchem Beobachter
begegnet, mit einer Anschauung sogleich eine Folgerung zu
verknüpfen und beide für gleichgeltend zu achten.

Zur Verewigung des Irrtums tragen die Werke besonders
bei, die enzyklopädisch das Wahre und Falsche des Tages
überliefern. Hier kann die Wissenschaft nicht bearbeitet
werden, sondern was man weiß, glaubt, wähnt, wird auf=
genommen; deswegen sehen solche Werke nach fünfzig Jahren
gar wunderlich aus.

Zuerst belehre man sich selbst, dann wird man Belehrung
von andern empfangen.

Theorien sind gewöhnlich Übereilungen eines ungeduldigen Verstandes, der die Phänomene gern los sein möchte und an ihrer Stelle deswegen Bilder, Begriffe, ja oft nur Worte einschiebt. Man ahnet, man sieht auch wohl, daß es nur ein Behelf ist; liebt sich nicht aber Leidenschaft und Parteigeist jederzeit Behelfe? Und mit Recht, da sie ihrer so sehr bedürfen.

Unsere Zustände schreiben wir bald Gott, bald dem Teufel zu und fehlen ein wie das andere Mal: in uns selbst liegt das Rätsel, die wir Ausgeburt zweier Welten sind. Mit der Farbe geht's ebenso: bald sucht man sie im Lichte, bald draußen im Weltall, und kann sie gerade da nicht finden, wo sie zu Hause ist.

Das unmittelbare Gewahrwerden der Urphänomene versetzt uns in eine Art von Angst: wir fühlen unsere Unzulänglichkeit; nur durch das ewige Spiel der Empirie belebt, erfreuen sie uns.

Der Magnet ist ein Urphänomen, das man nur aussprechen darf, um es erklärt zu haben; dadurch wird es dann auch ein Symbol für alles übrige, wofür wir keine Worte noch Namen zu suchen brauchen.

Alles Lebendige bildet eine Atmosphäre um sich her.

Die Natur auffassen und sie unmittelbar benutzen ist wenig Menschen gegeben; zwischen Erkenntnis und Gebrauch erfinden sie sich gern ein Luftgespinst, das sie sorgfältig ausbilden und darüber den Gegenstand zugleich mit der Benutzung vergessen.

Ebenso begreift man nicht leicht, daß in der großen Natur das geschieht, was auch im kleinsten Zirkel vorgeht. Dringt es ihnen die Erfahrung auf, so lassen sie sich's zuletzt gefallen. Spreu, von geriebenem Bernstein angezogen, steht mit dem ungeheuersten Donnerwetter in Verwandtschaft, ja ist eine und ebendieselbe Erscheinung. Dieses Mikromegische gestehen wir auch in einigen andern Fällen zu, bald aber verläßt uns der reine Naturgeist, und der Dämon der Künstelei bemächtigt sich unser und weiß sich überall geltend zu machen.

Die Natur hat sich soviel Freiheit vorbehalten, daß wir mit Wissen und Wissenschaft ihr nicht durchgängig beikommen oder sie in die Enge treiben können.

Mit den Irrtümern der Zeit ist schwer sich abzufinden: widerstrebt man ihnen, so steht man allein; läßt man sich davon befangen, so hat man auch weder Ehre noch Freude davon.

Aus Wilhelm Meisters Wanderjahren

(1829)

Alles Gescheite ist schon gedacht worden, man muß nur
versuchen, es noch einmal zu denken.

Wie kann man sich selbst kennen lernen? Durch Betrachten
niemals, wohl aber durch Handeln. Versuche, deine Pflicht
zu tun, und du weißt gleich, was an dir ist.

Was aber ist deine Pflicht? Die Forderung des Tages.

Die vernünftige Welt ist als ein großes unsterbliches Indi=
viduum zu betrachten, das unaufhaltsam das Notwendige
bewirkt und dadurch sich sogar über das Zufällige zum Herrn
macht.

Mir wird, je länger ich lebe, immer verdrießlicher, wenn
ich den Menschen sehe, der eigentlich auf seiner höchsten
Stelle da ist, um der Natur zu gebieten, um sich und die
Seinigen von der gewalttätigen Notwendigkeit zu befreien,
wenn ich sehe, wie er aus irgend einem vorgefaßten falschen
Begriff gerade das Gegenteil tut von dem, was er will,
und sich alsdann, weil die Anlage im ganzen verdorben
ist, im einzelnen kümmerlich herumpfuschet.

Tüchtiger tätiger Mann, verdiene dir und erwarte
      von den Großen — Gnade,
      von den Mächtigen — Gunst,
      von Tätigen und Guten — Förderung,
      von der Menge — Neigung,
      von dem Einzelnen — Liebe!

Die Dilettanten, wenn sie das möglichste getan haben, pflegen zu ihrer Entschuldigung zu sagen, die Arbeit sei noch nicht fertig. Freilich kann sie nie fertig werden, weil sie nie recht angefangen ward. Der Meister stellt sein Werk mit wenigen Strichen als fertig dar; ausgeführt oder nicht, schon ist es vollendet. Der geschickteste Dilettant tastet im ungewissen, und wie die Ausführung wächst, kommt die Unsicherheit der ersten Anlage immer mehr zum Vorschein. Ganz zuletzt entdeckt sich erst das Verfehlte, das nicht auszugleichen ist, und so kann das Werk freilich nicht fertig werden.

In der wahren Kunst gibt es keine Vorschule, wohl aber Vorbereitungen; die beste jedoch ist die Teilnahme des geringsten Schülers am Geschäft des Meisters. Aus Farbenreibern sind treffliche Maler hervorgegangen.

Ein anderes ist die Nachäffung, zu welcher die natürliche allgemeine Tätigkeit des Menschen durch einen bedeutenden Künstler, der das Schwere mit Leichtigkeit vollbringt, zufällig angeregt wird.

Von der Notwendigkeit, daß der bildende Künstler Studien nach der Natur mache, und von dem Werte derselben überhaupt sind wir genugsam überzeugt; allein wir leugnen nicht, daß es uns öfters betrübt, wenn wir den Mißbrauch eines so löblichen Strebens gewahr werden.

Nach unserer Überzeugung sollte der junge Künstler wenig oder gar keine Studien nach der Natur beginnen, wobei er nicht zugleich dächte, wie er jedes Blatt zu einem Ganzen abrunden, wie er diese Einzelheit, in ein angenehmes Bild verwandelt, in einen Rahmen eingeschlossen, dem Liebhaber und Kenner gefällig anbieten möge.

Es steht manches Schöne isoliert in der Welt, doch der Geist ist es, der Verknüpfungen zu entdecken und dadurch Kunstwerke hervorzubringen hat. Die Blume gewinnt erst ihren Reiz durch das Insekt, das ihr anhängt, durch den Tautropfen, der sie befeuchtet, durch das Gefäß, woraus sie allenfalls ihre letzte Nahrung zieht. Kein Busch, kein Baum, dem man nicht durch die Nachbarschaft eines Felsens, einer Quelle Bedeutung geben, durch eine mäßige einfache Ferne größern Reiz verleihen könnte. So ist es mit menschlichen Figuren und so mit Tieren aller Art beschaffen.

Sage mir, mit wem du umgehst, so sage ich dir, wer du bist; weiß ich, womit du dich beschäftigst, so weiß ich, was aus dir werden kann.

Jeder Mensch muß nach seiner Weise denken; denn er findet auf seinem Wege immer ein Wahres oder eine Art von Wahrem, die ihm durchs Leben hilft. Nur darf er sich nicht gehen lassen, er muß sich kontrollieren; der bloße nackte Instinkt geziemt nicht dem Menschen.

Unbedingte Tätigkeit, von welcher Art sie sei, macht zuletzt bankerott.

In den Werken des Menschen wie in denen der Natur sind eigentlich die Absichten vorzüglich der Aufmerksamkeit wert.

Die Menschen werden an sich und andern irre, weil sie die Mittel als Zweck behandeln, da denn vor lauter Tätigkeit gar nichts geschieht oder vielleicht gar das Widerwärtige.

Was wir ausdenken, was wir vornehmen, sollte schon vollkommen so rein und schön sein, daß die Welt nur daran zu verderben hätte; wir blieben dadurch in dem Vorteil, das Verschobene zurechtzurücken, das Zerstörte wiederherzustellen.

Ganze, Halb- und Viertelsirrtümer sind gar schwer und mühsam zurechtzulegen, zu sichten und das Wahre daran dahin zu stellen, wohin es gehört.

Es ist nicht immer nötig, daß das Wahre sich verkörpere; schon genug, wenn es geistig umherschwebt und Übereinstimmung bewirkt, wenn es wie Glockenton ernst-freundlich durch die Lüfte wogt.

Wenn ich jüngere deutsche Maler, sogar solche, die sich eine Zeitlang in Italien aufgehalten, befrage, warum sie doch, besonders in ihren Landschaften, so widerwärtige grelle Töne dem Auge darstellen und vor aller Harmonie zu fliehen scheinen, so geben sie wohl ganz dreist und getrost zur Antwort, sie sähen die Natur genau auf solche Weise.

Kant hat uns aufmerksam gemacht, daß es eine Kritik der Vernunft gebe, daß dieses höchste Vermögen, was der Mensch besitzt, Ursache habe, über sich selbst zu wachen. Wie großen Vorteil uns diese Stimme gebracht, möge jeder an sich selbst geprüft haben. Ich aber möchte in eben dem Sinne die Aufgabe stellen, daß eine Kritik der Sinne nötig sei, wenn die Kunst überhaupt, besonders die deutsche, irgend wieder sich erholen und in einem erfreulichen Lebensschritt vorwärts gehen solle.

Der zur Vernunft geborene Mensch bedarf noch großer Bildung, sie mag sich ihm nun durch Sorgfalt der Eltern

und Erzieher, durch friedliches Beispiel oder durch strenge
Erfahrung nach und nach offenbaren. Ebenso wird zwar
der angehende Künstler, aber nicht der vollendete geboren;
sein Auge komme frisch auf die Welt, er habe glücklichen
Blick für Gestalt, Proportion, Bewegung: aber für höhere
Komposition, für Haltung, Licht, Schatten, Farben kann ihm
die natürliche Anlage fehlen, ohne daß er es gewahr wird.

Ist er nun nicht geneigt, von höher ausgebildeten Künstlern
der Vor= und Mitzeit das zu lernen, was ihm fehlt, um
eigentlicher Künstler zu sein, so wird er im falschen Begriff
von bewahrter Originalität hinter sich selbst zurückbleiben;
denn nicht allein das, was mit uns geboren ist, sondern
auch das, was wir erwerben können, gehört uns an und
wir sind es.

Allgemeine Begriffe und großer Dünkel sind immer auf
dem Wege, entsetzliches Unglück anzurichten.

Die Botaniker haben eine Pflanzenabteilung, die sie Incom-
pletae nennen; man kann eben auch sagen, daß es inkom=
plette unvollständige Menschen gibt. Es sind diejenigen,
deren Sehnsucht und Streben mit ihrem Tun und Leisten
nicht proportioniert ist.

Der geringste Mensch kann komplett sein, wenn er sich
innerhalb der Grenzen seiner Fähigkeiten und Fertigkeiten
bewegt; aber selbst schöne Vorzüge werden verdunkelt, auf=
gehoben und vernichtet, wenn jenes unerläßlich geforderte
Ebenmaß abgeht. Dieses Unheil wird sich in der neuern
Zeit noch öfter hervortun; denn wer wird wohl den Forderungen einer durchaus gesteigerten Gegenwart und zwar
in schnellster Bewegung genugtun können?

Nur klugtätige Menschen, die ihre Kräfte kennen und sie mit Maß und Gescheitigkeit benutzen, werden es im Weltwesen weit bringen.

Ein großer Fehler: daß man sich mehr dünkt, als man ist, und sich weniger schätzt, als man wert ist.

Es begegnet mir von Zeit zu Zeit ein Jüngling, an dem ich nichts verändert noch gebessert wünschte; nur macht mir bange, daß ich manchen vollkommen geeignet sehe, im Zeitstrom mit fortzuschwimmen, und hier ist's, wo ich immerfort aufmerksam machen möchte: daß dem Menschen in seinem zerbrechlichen Kahn eben deshalb das Ruder in die Hand gegeben ist, damit er nicht der Willkür der Wellen, sondern dem Willen seiner Einsicht Folge leiste.

Wie soll nun aber ein junger Mann für sich selbst dahin gelangen, dasjenige für tadelnswert und schädlich anzusehen, was jedermann treibt, billigt und fördert? Warum soll er sich nicht und sein Naturell auch dahin gehen lassen?

Für das größte Unheil unserer Zeit, die nichts reif werden läßt, muß ich halten, daß man im nächsten Augenblick den vorhergehenden verspeist, den Tag im Tage vertut und so immer aus der Hand in den Mund lebt, ohne irgend etwas vor sich zu bringen. Haben wir doch schon Blätter für sämtliche Tageszeiten! Ein guter Kopf könnte wohl noch eins und das andere interkalieren. Dadurch wird alles, was ein jeder tut, treibt, dichtet, ja was er vorhat, ins Öffentliche geschleppt. Niemand darf sich freuen oder leiden als zum Zeitvertreib der übrigen, und so springt's von Haus zu Haus, von Stadt zu Stadt, von

Reich zu Reich und zuletzt von Weltteil zu Weltteil, alles veloziferisch.

So wenig nun die Dampfmaschinen zu dämpfen sind, so wenig ist dies auch im Sittlichen möglich: die Lebhaftigkeit des Handels, das Durchrauschen des Papiergelds, das Anschwellen der Schulden, um Schulden zu bezahlen, das alles sind die ungeheuern Elemente, auf die gegenwärtig ein junger Mann gesetzt ist. Wohl ihm, wenn er von der Natur mit mäßigem ruhigem Sinn begabt ist, um weder unverhältnismäßige Forderungen an die Welt zu machen noch auch von ihr sich bestimmen zu lassen!

Aber in einem jeden Kreise bedroht ihn der Tagesgeist, und nichts ist nötiger, als früh genug ihm die Richtung bemerklich zu machen, wohin sein Wille zu steuern hat.

Die Bedeutsamkeit der unschuldigsten Reden und Handlungen wächst mit den Jahren, und wen ich länger um mich sehe, den suche ich immerfort aufmerksam zu machen, welch ein Unterschied stattfinde zwischen Aufrichtigkeit, Vertrauen und Indiskretion, ja daß eigentlich kein Unterschied sei, vielmehr nur ein leiser Übergang vom Unverfänglichsten zum Schädlichsten, welcher bemerkt oder vielmehr empfunden werden müsse.

Hierauf haben wir unsern Takt zu üben, sonst laufen wir Gefahr, auf dem Wege, worauf wir uns die Gunst der Menschen erwarben, sie ganz unversehens wieder zu verscherzen. Das begreift man wohl im Laufe des Lebens von selbst, aber erst nach bezahltem teuren Lehrgelde, das man leider seinen Nachkommenden nicht ersparen kann.

Das Verhältnis der Künste und Wissenschaften zum Leben ist nach Verhältnis der Stufen, worauf sie stehen, nach Beschaffenheit der Zeiten und tausend andern Zufälligkeiten sehr verschieden; deswegen auch niemand darüber im ganzen leicht klug werden kann.

Poesie wirkt am meisten im Anfang der Zustände, sie seien nun ganz roh, halbkultiviert oder bei Abänderung einer Kultur, beim Gewahrwerden einer fremden Kultur, daß man also sagen kann, die Wirkung der Neuheit findet durchaus statt.

Musik im besten Sinne bedarf weniger der Neuheit, ja vielmehr je älter sie ist, je gewohnter man sie ist, desto mehr wirkt sie.

Die Würde der Kunst erscheint bei der Musik vielleicht am eminentesten, weil sie keinen Stoff hat, der abgerechnet werden müßte. Sie ist ganz Form und Gehalt und er= höht und veredelt alles, was sie ausdrückt.

Die Musik ist heilig oder profan. Das Heilige ist ihrer Würde ganz gemäß, und hier hat sie die größte Wirkung aufs Leben, welche sich durch alle Zeiten und Epochen gleichbleibt. Die profane sollte durchaus heiter sein.

Eine Musik, die den heiligen und profanen Charakter ver= mischt, ist gottlos, und eine halbschürige, welche schwache, jammervolle, erbärmliche Empfindungen auszudrücken Be= lieben findet, ist abgeschmackt. Denn sie ist nicht ernst genug, um heilig zu sein, und es fehlt ihr der Hauptcharakter des Entgegengesetzten: die Heiterkeit.

Die Heiligkeit der Kirchenmusiken, das Heitere und Neckische
der Volksmelodien sind die beiden Angeln, um die sich die
wahre Musik herumdreht. Auf diesen beiden Punkten be-
weist sie jederzeit eine unausbleibliche Wirkung: Andacht
oder Tanz. Die Vermischung macht irre, die Verschwächung
wird fade, und will die Musik sich an Lehrgedichte oder
beschreibende und dergleichen wenden, so wird sie kalt.

Plastik wirkt eigentlich nur auf ihrer höchsten Stufe;
alles Mittlere kann wohl aus mehr denn einer Ursache
imponieren, aber alle mittleren Kunstwerke dieser Art
machen mehr irre, als daß sie erfreuen. Die Bildhauer-
kunst muß sich daher noch ein stoffartiges Interesse suchen,
und das findet sie in den Bildnissen bedeutender Menschen.
Aber auch hier muß sie schon einen hohen Grad erreichen,
wenn sie zugleich wahr und würdig sein will.

Die Malerei ist die läßlichste und bequemste von allen
Künsten. Die läßlichste, weil man ihr um des Stoffes
und des Gegenstandes willen auch da, wo sie nur Handwerk oder kaum eine Kunst ist, vieles zugute hält und
sich an ihr erfreut; teils, weil eine technische, obgleich geist-
lose Ausführung den Ungebildeten wie den Gebildeten in
Verwunderung setzt, so daß sie sich also nur einigermaßen
zur Kunst zu steigern braucht, um in einem höheren Grade
willkommen zu sein. Wahrheit in Farben, Oberflächen, in
Beziehungen der sichtbaren Gegenstände aufeinander ist
schon angenehm, und da das Auge ohnehin gewohnt ist,
alles zu sehen, so ist ihm eine Mißgestalt und also auch
ein Mißbild nicht so zuwider als dem Ohr ein Mißton.
Man läßt die schlechteste Abbildung gelten, weil man noch
schlechtere Gegenstände zu sehen gewohnt ist. Der Maler

darf also nur einigermaßen Künstler sein, so findet er schon
ein größeres Publikum als der Musiker, der auf gleichem
Grade stünde; wenigstens kann der geringere Maler immer
für sich operieren, anstatt daß der mindere Musiker sich
mit anderen soziieren muß, um durch gesellige Leistung
einigen Effekt zu tun.

Die Frage, ob man bei Betrachtung von Kunstleistungen
vergleichen solle oder nicht, möchten wir folgendermaßen
beantworten: Der ausgebildete Kenner soll vergleichen;
denn ihm schwebt die Idee vor, er hat den Begriff gefaßt,
was geleistet werden könne und solle; der Liebhaber, auf
dem Wege zur Bildung begriffen, fördert sich am besten,
wenn er nicht vergleicht, sondern jedes Verdienst einzeln
betrachtet: dadurch bildet sich Gefühl und Sinn für das
Allgemeinere nach und nach aus. Das Vergleichen der
Unkenner ist eigentlich nur eine Bequemlichkeit, die sich
gern des Urteils überheben möchte.

Wahrheitsliebe zeigt sich darin, daß man überall das Gute
zu finden und zu schätzen weiß.

Ein historisches Menschengefühl heißt ein dergestalt gebildetes,
daß es bei Schätzung gleichzeitiger Verdienste und Verdienst=
lichkeiten auch die Vergangenheit mit in Anschlag bringt.

Das Beste, was wir von der Geschichte haben, ist der En=
thusiasmus, den sie erregt.

Eigentümlichkeit ruft Eigentümlichkeit hervor.

Man muß bedenken, daß unter den Menschen gar viele
sind, die doch auch etwas Bedeutendes sagen wollen, ohne

produktiv zu sein, und da kommen die wunderlichsten
Dinge an den Tag.

Tief und ernstlich denkende Menschen haben gegen das
Publikum einen bösen Stand.

Wenn ich die Meinung eines andern anhören soll, so muß
sie positiv ausgesprochen werden; Problematisches hab' ich
in mir selbst genug.

Der Aberglaube gehört zum Wesen des Menschen und
flüchtet sich, wenn man ihn ganz und gar zu verdrängen
denkt, in die wunderlichsten Ecken und Winkel, von wo
er auf einmal, wenn er einigermaßen sicher zu sein glaubt,
wieder hervortritt.

Wir würden gar vieles besser kennen, wenn wir es nicht
zu genau erkennen wollten. Wird uns doch ein Gegenstand unter einem Winkel von fünfundvierzig Graden erst
faßlich.

Mikroskope und Fernröhre verwirren eigentlich den reinen
Menschensinn.

Ich schweige zu vielem still; denn ich mag die Menschen
nicht irre machen und bin wohl zufrieden, wenn sie sich
freuen da, wo ich mich ärgere.

Alles, was unsern Geist befreit, ohne uns die Herrschaft
über uns selbst zu geben, ist verderblich.

Das Was des Kunstwerks interessiert die Menschen mehr
als das Wie; jenes können sie einzeln ergreifen, dieses im

ganzen nicht fassen. Daher kommt das Herausheben von
Stellen, wobei zuletzt, wenn man wohl aufmerkt, die
Wirkung der Totalität auch nicht ausbleibt, aber jedem
unbewußt.

Die Frage: „Woher hat's der Dichter?" geht auch nur aufs
Was; vom Wie erfährt dabei niemand etwas.

Einbildungskraft wird nur durch Kunst, besonders durch
Poesie geregelt. Es ist nichts fürchterlicher als Einbildungs=
kraft ohne Geschmack.

Das Manierierte ist ein verfehltes Ideelle, ein subjektiviertes
Ideelle; daher fehlt ihm das Geistreiche nicht leicht.

Der Philolog ist angewiesen auf die Kongruenz des ge=
schrieben Überlieferten. Ein Manuskript liegt zum Grunde,
es finden sich in demselben wirkliche Lücken, Schreibfehler,
die eine Lücke im Sinne machen, und was sonst alles an
einem Manuskript zu tadeln sein mag. Nun findet sich
eine zweite Abschrift, eine dritte; die Vergleichung derselben
bewirkt immer mehr, das Verständige und Vernünftige der
Überlieferung gewahr zu werden. Ja er geht weiter und
verlangt von seinem innern Sinn, daß derselbe ohne äußere
Hülfsmittel die Kongruenz des Abgehandelten immer mehr
zu begreifen und darzustellen wisse. Weil nun hiezu ein
besonderer Takt, eine besondere Vertiefung in seinen ab=
geschiedenen Autor nötig und ein gewisser Grad von Er=
findungskraft gefordert wird, so kann man dem Philologen
nicht verdenken, wenn er sich auch ein Urteil bei Geschmacks=
sachen zutraut, welches ihm jedoch nicht immer gelingen
wird.

70

Der Dichter ist angewiesen auf Darstellung. Das Höchste derselben ist, wenn sie mit der Wirklichkeit wetteifert, das heißt, wenn ihre Schilderungen durch den Geist dergestalt lebendig sind, daß sie als gegenwärtig für jedermann gelten können. Auf ihrem höchsten Gipfel scheint die Poesie ganz äußerlich; je mehr sie sich ins Innere zurückzieht, ist sie auf dem Wege zu sinken. — Diejenige, die nur das Innere darstellt, ohne es durch ein Äußeres zu verkörpern, oder ohne das Äußere durch das Innere durchfühlen zu lassen, sind beides die letzten Stufen, von welchen aus sie ins gemeine Leben hineintritt.

Die Redekunst ist angewiesen auf alle Vorteile der Poesie, auf alle ihre Rechte; sie bemächtigt sich derselben und mißbraucht sie, um gewisse äußere, sittliche oder unsittliche, augenblickliche Vorteile im bürgerlichen Leben zu erreichen.

Eigentlichster Wert der sogenannten Volkslieder ist der, daß ihre Motive unmittelbar von der Natur genommen sind. Dieses Vorteils aber könnte der gebildete Dichter sich auch bedienen, wenn er es verstünde.

Hiebei aber haben jene immer das voraus, daß natürliche Menschen sich besser auf den Lakonismus verstehen als eigentlich Gebildete.

Shakespeare ist für aufkeimende Talente gefährlich zu lesen; er nötigt sie, ihn zu reproduzieren, und sie bilden sich ein, sich selbst zu produzieren.

Über Geschichte kann niemand urteilen, als wer an sich selbst Geschichte erlebt hat. So geht es ganzen Nationen.

Die Deutschen können erst über Literatur urteilen, seitdem sie selbst eine Literatur haben.

Man ist nur eigentlich lebendig, wenn man sich des Wohlwollens andrer freut.

Frömmigkeit ist kein Zweck, sondern ein Mittel, um durch die reinste Gemütsruhe zur höchsten Kultur zu gelangen.

Deswegen läßt sich bemerken, daß diejenigen, welche Frömmigkeit als Zweck und Ziel aufstecken, meistens Heuchler werden.

Erfüllte Pflicht empfindet sich immer noch als Schuld, weil man sich nie ganz genug getan.

Die Mängel erkennt nur der Lieblose; deshalb, um sie einzusehen, muß man auch lieblos werden, aber nicht mehr, als hiezu nötig ist.

Das höchste Glück ist das, welches unsere Mängel verbessert und unsere Fehler ausgleicht.

Kannst du lesen, so sollst du verstehen; kannst du schreiben, so mußt du etwas wissen; kannst du glauben, so sollst du begreifen; wenn du begehrst, wirst du sollen; wenn du forderst, wirst du nicht erlangen, und wenn du erfahren bist, sollst du nutzen.

Man erkennt niemand an als den, der uns nutzt. Wir erkennen den Fürsten an, weil wir unter seiner Firma den Besitz gesichert sehen. Wir gewärtigen uns von ihm Schutz gegen äußere und innere widerwärtige Verhältnisse.

Der Bach ist dem Müller befreundet, dem er nutzt, und er stürzt gern über die Räder; was hilft es ihm, gleichgültig durchs Tal hinzuschleichen?

Wer sich mit reiner Erfahrung begnügt und darnach handelt, der hat Wahres genug. Das heranwachsende Kind ist weise in diesem Sinne.

Die Theorie an und für sich ist nichts nütze, als insofern sie uns an den Zusammenhang der Erscheinungen glauben macht.

Alles Abstrakte wird durch Anwendung dem Menschenverstand genähert, und so gelangt der Menschenverstand durch Handeln und Beobachten zur Abstraktion.

Wer zu viel verlangt, wer sich am Verwickelten erfreut, der ist den Verirrungen ausgesetzt.

Nach Analogien denken ist nicht zu schelten: die Analogie hat den Vorteil, daß sie nicht abschließt und eigentlich nichts Letztes will; dagegen die Induktion verderblich ist, die einen vorgesetzten Zweck im Auge trägt und, auf denselben losarbeitend, Falsches und Wahres mit sich fortreißt.

Gewöhnliches Anschauen, richtige Ansicht der irdischen Dinge ist ein Erbteil des allgemeinen Menschenverstandes; reines Anschauen des Äußern und Innern ist sehr selten.

Es äußert sich jenes im praktischen Sinn, im unmittelbaren Handeln; dieses symbolisch, vorzüglich durch Mathematik, in Zahlen und Formeln, durch Rede, uranfänglich,

tropisch, als Poesie des Genies, als Sprichwörtlichkeit des
Menschenverstandes.

Das Abwesende wirkt auf uns durch Überlieferung. Die
gewöhnliche ist historisch zu nennen; eine höhere, der Ein=
bildungskraft verwandte, ist mythisch. Sucht man hinter
dieser noch etwas Drittes, irgend eine Bedeutung, so ver=
wandelt sie sich in Mystik. Auch wird sie leicht sentimen=
tal, so daß wir uns nur, was gemütlich ist, aneignen.

Im Betrachten wie im Handeln ist das Zugängliche von
dem Unzugänglichen zu unterscheiden; ohne dies läßt sich
im Leben wie im Wissen wenig leisten.

„Le sens commun est le Génie de l'humanité.‟

Der Gemeinverstand, der als Genie der Menschheit gelten
soll, muß vorerst in seinen Äußerungen betrachtet werden.
Forschen wir, wozu ihn die Menschheit benutzt, so finden
wir folgendes:
Die Menschheit ist bedingt durch Bedürfnisse. Sind diese
nicht befriedigt, so erweist sie sich ungeduldig; sind sie be=
friedigt, so erscheint sie gleichgültig. Der eigentliche Mensch
bewegt sich also zwischen beiden Zuständen, und seinen
Verstand, den sogenannten Menschenverstand, wird er an=
wenden, seine Bedürfnisse zu befriedigen; ist es geschehen,
so hat er die Aufgabe, die Räume der Gleichgültigkeit aus=
zufüllen. Beschränkt sich dieses in die nächsten und not=
wendigsten Grenzen, so gelingt es ihm auch. Erheben sich
aber die Bedürfnisse, treten sie aus dem Kreise des Gemeinen
heraus, so ist der Gemeinverstand nicht mehr hinreichend,
er ist kein Genius mehr, die Region des Irrtums ist der
Menschheit aufgetan.

Es geschieht nichts Unvernünftiges, das nicht Verstand oder
Zufall wieder in die Richte brächten; nichts Vernünftiges,
das Unverstand und Zufall nicht mißleiten könnten.

Jede große Idee, sobald sie in die Erscheinung tritt, wirkt
tyrannisch; daher die Vorteile, die sie hervorbringt, sich nur
allzubald in Nachteile verwandeln. Man kann deshalb eine
jede Institution verteidigen und rühmen, wenn man an
ihre Anfänge erinnert und darzutun weiß, daß alles, was
von ihr im Anfange gegolten, auch jetzt noch gelte.

Lessing, der mancherlei Beschränkung unwillig fühlte, läßt
eine seiner Personen sagen: „Niemand muß müssen." Ein
geistreicher frohgesinnter Mann sagte: „Wer will, der muß."
Ein Dritter, freilich ein Gebildeter, fügte hinzu: „Wer ein=
sieht, der will auch." Und so glaubte man den ganzen Kreis
des Erkennens, Wollens und Müssens abgeschlossen zu haben.
Aber im Durchschnitt bestimmt die Erkenntnis des Menschen,
von welcher Art sie auch sei, sein Tun und Lassen; des=
wegen auch nichts schrecklicher ist, als die Unwissenheit han=
deln zu sehen.

Es gibt zwei friedliche Gewalten: das Recht und die Schick=
lichkeit.

Das Recht dringt auf Schuldigkeit, die Polizei aufs Ge=
ziemende. Das Recht ist abwägend und entscheidend, die
Polizei überschauend und gebietend. Das Recht bezieht sich
auf den Einzelnen, die Polizei auf die Gesamtheit.

Die Geschichte der Wissenschaften ist eine große Fuge, in
der die Stimmen der Völker nach und nach zum Vorschein
kommen.

Man kann in den Naturwissenschaften über manche Pro=
bleme nicht gehörig sprechen, wenn man die Metaphysik nicht
zu Hülfe ruft; aber nicht jene Schul= und Wortweisheit:
es ist dasjenige, was vor, mit und nach der Physik war,
ist und sein wird.

Autorität, daß nämlich etwas schon einmal geschehen,
gesagt oder entschieden worden sei, hat großen Wert; aber
nur der Pedant fordert überall Autorität.

Altes Fundament ehrt man, darf aber das Recht nicht
aufgeben, irgendwo wieder einmal von vorn zu gründen.

Beharre, wo du stehst! — Maxime, notwendiger als je,
indem einerseits die Menschen in große Parteien gerissen
werden, sodann aber auch jeder Einzelne nach individueller
Einsicht und Vermögen sich geltend machen will.

Man tut immer besser, daß man sich grad' ausspricht, wie
man denkt, ohne viel beweisen zu wollen; denn alle
Beweise, die wir vorbringen, sind doch nur Variationen
unserer Meinungen, und die Widriggesinnten hören weder
auf das eine noch auf das andere.

Jedes Existierende ist ein Analogon alles Existierenden;
daher erscheint uns das Dasein immer zu gleicher Zeit
gesondert und verknüpft. Folgt man der Analogie zu sehr,
so fällt alles identisch zusammen; meidet man sie, so zer=
streut sich alles ins Unendliche. In beiden Fällen stagniert
die Betrachtung, einmal als überlebendig, das andere Mal
als getötet.

Die Vernunft ist auf das Werdende, der Verstand auf das

Gewordene angewiesen; jene bekümmert sich nicht: wozu? dieser fragt nicht: woher? — Sie erfreut sich am Entwickeln; er wünscht alles festzuhalten, damit er es nutzen könne.

Es ist eine Eigenheit dem Menschen angeboren und mit seiner Natur innigst verwebt: daß ihm zur Erkenntnis das Nächste nicht genügt; da doch jede Erscheinung, die wir selbst gewahr werden, im Augenblick das Nächste ist und wir von ihr fordern können, daß sie sich selbst erkläre, wenn wir kräftig in sie dringen.

Was ist das Allgemeine?
Der einzelne Fall.
Was ist das Besondere?
Millionen Fälle.

Die Analogie hat zwei Verirrungen zu fürchten: einmal, sich dem Witz hinzugeben, wo sie in nichts zerfließt, die andere, sich mit Tropen und Gleichnissen zu umhüllen, welches jedoch weniger schädlich ist.

Weder Mythologie noch Legenden sind in der Wissenschaft zu dulden. Lasse man diese den Poeten, die berufen sind, sie zu Nutz und Freude der Welt zu behandeln. Der wissenschaftliche Mann beschränke sich auf die nächste klarste Gegenwart. Wollte derselbe jedoch gelegentlich als Rhetor auftreten, so sei ihm jenes auch nicht verwehrt.

Um mich zu retten, betrachte ich alle Erscheinungen als unabhängig voneinander und suche sie gewaltsam zu isolieren; dann betrachte ich sie als Korrelate, und sie verbinden sich

zu einem entschiedenen Leben. Dies bezieh' ich vorzüglich
auf Natur; aber auch in bezug auf die neueste, um uns her
bewegte Weltgeschichte ist diese Betrachtungsweise fruchtbar.

Alles, was wir Erfinden, Entdecken im höheren Sinne
nennen, ist die bedeutende Ausübung, Betätigung eines
originalen Wahrheitsgefühles, das, im stillen längst aus=
gebildet, unversehens, mit Blitzesschnelle zu einer frucht=
baren Erkenntnis führt. Es ist eine aus dem Innern am
Äußern sich entwickelnde Offenbarung, die den Menschen
seine Gottähnlichkeit vorahnen läßt. Es ist eine Synthese
von Welt und Geist, welche von der ewigen Harmonie des
Daseins die seligste Versicherung gibt.

Der Mensch muß bei dem Glauben verharren, daß das
Unbegreifliche begreiflich sei; er würde sonst nicht forschen.

Begreiflich ist jedes Besondere, das sich auf irgend eine
Weise anwenden läßt. Auf diese Weise kann das Unbegreif=
liche nützlich werden.

Es gibt eine zarte Empirie, die sich mit dem Gegenstand
innigst identisch macht und dadurch zur eigentlichen Theorie
wird. Diese Steigerung des geistigen Vermögens aber ge=
hört einer hochgebildeten Zeit an.

Am widerwärtigsten sind die kricklichen Beobachter und
grilligen Theoristen; ihre Versuche sind kleinlich und kom=
pliziert, ihre Hypothesen abstrus und wunderlich.

Es gibt Pedanten, die zugleich Schelme sind, und das sind
die allerschlimmsten.

Um zu begreifen, daß der Himmel überall blau ist, braucht man nicht um die Welt zu reisen.

Das Allgemeine und Besondere fallen zusammen: das Besondere ist das Allgemeine, unter verschiedenen Bedingungen erscheinend.

Man braucht nicht alles selbst gesehen noch erlebt zu haben; willst du aber dem andern und seinen Darstellungen vertrauen, so denke, daß du es nun mit dreien zu tun hast: mit dem Gegenstand und zwei Subjekten.

Grundeigenschaft der lebendigen Einheit: sich zu trennen, sich zu vereinen, sich ins Allgemeine zu ergehen, im Besondern zu verharren, sich zu verwandeln, sich zu spezifizieren und, wie das Lebendige unter tausend Bedingungen sich dartun mag, hervorzutreten und zu verschwinden, zu solidesзieren und zu schmelzen, zu erstarren und zu fließen, sich auszudehnen und sich zusammenzuziehen. Weil nun alle diese Wirkungen im gleichen Zeitmoment zugleich vorgehen, so kann alles und jedes zu gleicher Zeit eintreten. Entstehen und Vergehen, Schaffen und Vernichten, Geburt und Tod, Freud' und Leid, alles wirkt durcheinander, in gleichem Sinn und gleicher Maße; deswegen denn auch das Besonderste, das sich ereignet, immer als Bild und Gleichnis des Allgemeinsten auftritt.

Ist das ganze Dasein ein ewiges Trennen und Verbinden, so folgt auch, daß die Menschen im Betrachten des ungeheuren Zustandes auch bald trennen, bald verbinden werden.

In der Naturforschung bedarf es eines kategorischen Im=

perativ so gut als im Sittlichen; nur bedenke man, daß
man dadurch nicht am Ende, sondern erst am Anfang ist.

Das Höchste wäre: zu begreifen, daß alles Faktische schon
Theorie ist. Die Bläue des Himmels offenbart uns das
Grundgesetz der Chromatik. Man suche nur nichts hinter
den Phänomenen: sie selbst sind die Lehre.

In den Wissenschaften ist viel Gewisses, sobald man sich
von den Ausnahmen nicht irre machen läßt und die Pro=
bleme zu ehren weiß.

Wenn ich mich beim Urphänomen zuletzt beruhige, so ist
es doch auch nur Resignation; aber es bleibt ein großer
Unterschied, ob ich mich an den Grenzen der Menschheit
resigniere oder innerhalb einer hypothetischen Beschränktheit
meines bornierten Individuums.

Wenn man die Probleme des Aristoteles ansieht, so er=
staunt man über die Gabe des Bemerkens und für was
alles die Griechen Augen gehabt haben. Nur begehen sie
den Fehler der Übereilung, da sie von dem Phänomen un=
mittelbar zur Erklärung schreiten, wodurch denn ganz un=
zulängliche theoretische Aussprüche zum Vorschein kommen.
Dieses ist jedoch der allgemeine Fehler, der noch heutzutage
begangen wird.

Hypothesen sind Wiegenlieder, womit der Lehrer seine
Schüler einlullt; der denkende treue Beobachter lernt immer
mehr seine Beschränkung kennen, er sieht: je weiter sich
das Wissen ausbreitet, desto mehr Probleme kommen zum
Vorschein.

Unser Fehler besteht darin, daß wir am Gewissen zweifeln und das Ungewisse fixieren möchten. Meine Maxime bei der Naturforschung ist, das Gewisse festzuhalten und dem Ungewissen aufzupassen.

Läßliche Hypothese nenn' ich eine solche, die man gleichsam schalkhaft aufstellt, um sich von der ernsthaften Natur widerlegen zu lassen.

Wie wollte einer als Meister in seinem Fach erscheinen, wenn er nichts Unnützes lehrte!

Das Närrischste ist, daß jeder glaubt, überliefern zu müssen, was man gewußt zu haben glaubt.

Lebhafte Frage nach der Ursache, Verwechslung von Ursache und Wirkung, Beruhigung in einer falschen Theorie sind von großer, nicht zu entwickelnder Schädlichkeit.

Wenn mancher sich nicht verpflichtet fühlte, das Unwahre zu wiederholen, weil er's einmal gesagt hat, so wären es ganz andere Leute geworden.

Das Falsche hat den Vorteil, daß man immer darüber schwätzen kann; das Wahre muß gleich genutzt werden, sonst ist es nicht da.

Wer nicht einsieht, wie das Wahre praktisch erleichtert, mag gern daran mäkeln und häkeln, damit er nur sein irriges mühseliges Treiben einigermaßen beschönigen könne.

Die Deutschen, und sie nicht allein, besitzen die Gabe, die Wissenschaften unzugänglich zu machen.

Der Engländer ist Meister, das Entdeckte gleich zu nutzen, bis es wieder zu neuer Entdeckung und frischer Tat führt. Man frage nun, warum sie uns überall voraus sind.

Der denkende Mensch hat die wunderliche Eigenschaft, daß er an die Stelle, wo das unaufgelöste Problem liegt, gerne ein Phantasiebild hinfabelt, das er nicht loswerden kann, wenn das Problem auch aufgelöst und die Wahrheit am Tage ist.

Es gehört eine eigene Geisteswendung dazu, um das ge=staltlose Wirkliche in seiner eigensten Art zu fassen und es von Hirngespinsten zu unterscheiden, die sich denn doch auch mit einer gewissen Wirklichkeit lebhaft aufdringen.

Bei Betrachtung der Natur im großen wie im kleinen hab' ich unausgesetzt die Frage gestellt: Ist es der Gegen=stand oder bist du es, der sich hier ausspricht? Und in diesem Sinne betrachtete ich auch Vorgänger und Mitar=beiter.

Ein jeder Mensch sieht die fertige und geregelte, gebildete, vollkommene Welt doch nur als ein Element an, woraus er sich eine besondere, ihm angemessene Welt zu erschaffen bemüht ist. Tüchtige Menschen ergreifen sie ohne Bedenken und suchen damit, wie es gehen will, zu gebaren, andere zaudern an ihr herum, einige zweifeln sogar an ihrem Da=sein.

Wer sich von dieser Grundwahrheit recht durchdrungen fühlte, würde mit niemandem streiten, sondern nur die Vorstellungsart eines andern wie seine eigene als ein Phänomen betrachten. Denn wir erfahren fast täglich, daß der eine mit Bequem=

lichkeit denken mag, was dem andern zu denken unmöglich
ist, und zwar nicht etwa in Dingen, die auf Wohl und
Wehe nur irgend einen Einfluß hätten, sondern in Dingen,
die für uns völlig gleichgültig sind.

Man weiß eigentlich das, was man weiß, nur für sich
selbst. Spreche ich mit einem andern von dem, was ich
zu wissen glaube, unmittelbar glaubt er's besser zu wissen,
und ich muß mit meinem Wissen immer wieder in mich
selbst zurückkehren.

Das Wahre fördert; aus dem Irrtum entwickelt sich nichts,
er verwickelt uns nur.

Der Mensch findet sich mitten unter Wirkungen und kann
sich nicht enthalten, nach den Ursachen zu fragen; als ein
bequemes Wesen greift er nach der nächsten als der besten
und beruhigt sich dabei; besonders ist dies die Art des all=
gemeinen Menschenverstandes.

Sieht man ein Übel, so wirkt man unmittelbar darauf, das
heißt, man kuriert unmittelbar aufs Symptom los.

Die Vernunft hat nur über das Lebendige Herrschaft; die
entstandene Welt, mit der sich die Geognosie abgibt, ist
tot. Daher kann es keine Geologie geben; denn die Ver=
nunft hat hier nichts zu tun.

Wenn ich ein zerstreutes Gerippe finde, so kann ich es zu=
sammenlesen und aufstellen; denn hier spricht die ewige
Vernunft durch ein Analogon zu mir, und wenn es das
Riesenfaultier wäre.

Was nicht mehr entsteht, können wir uns als entstehend nicht denken; das Entstandene begreifen wir nicht.

Der allgemeine neuere Vulkanismus ist eigentlich ein kühner Versuch, die gegenwärtige unbegreifliche Welt an eine vergangene unbekannte zu knüpfen.

Gleiche oder wenigstens ähnliche Wirkungen werden auf verschiedene Weise durch Naturkräfte hervorgebracht.

Nichts ist widerwärtiger als die Majorität; denn sie besteht aus wenigen kräftigen Vorgängern, aus Schelmen, die sich akkommodieren, aus Schwachen, die sich assimilieren, und der Masse, die nachtrollt, ohne nur im mindesten zu wissen, was sie will.

Die Mathematik ist wie die Dialektik ein Organ des inneren höheren Sinnes; in der Ausübung ist sie eine Kunst wie die Beredsamkeit. Für beide hat nichts Wert als die Form; der Gehalt ist ihnen gleichgültig. Ob die Mathematik Pfennige oder Guineen berechne, die Rhetorik Wahres oder Falsches verteidige, ist beiden vollkommen gleich.

Hier aber kommt es nun auf die Natur des Menschen an, der ein solches Geschäft betreibt, eine solche Kunst ausübt. Ein durchgreifender Advokat in einer gerechten Sache, ein durchdringender Mathematiker vor dem Sternenhimmel erscheinen beide gleich gottähnlich.

Was ist an der Mathematik exakt als die Exaktheit? Und diese, ist sie nicht eine Folge des innern Wahrheitsgefühls?

Die Mathematik vermag kein Vorurteil wegzuheben, sie kann
den Eigensinn nicht lindern, den Parteigeist nicht beschwich=
tigen, nichts von allem Sittlichen vermag sie.

Der Mathematiker ist nur insofern vollkommen, als er
ein vollkommener Mensch ist, als er das Schöne des Wahren
in sich empfindet; dann erst wird er gründlich, durchsichtig,
umsichtig, rein, klar, anmutig, ja elegant wirken. Das
alles gehört dazu, um La Grange ähnlich zu werden.

Nicht die Sprache an und für sich ist richtig, tüchtig, zier=
lich, sondern der Geist ist es, der sich darin verkörpert, und
so kommt es nicht auf einen jeden an, ob er seinen Rech=
nungen, Reden oder Gedichten die wünschenswerten Eigen=
schaften verleihen will: es ist die Frage, ob ihm die Natur
hiezu die geistigen und sittlichen Eigenschaften verliehen hat.
Die geistigen: das Vermögen der An= und Durchschauung,
die sittlichen: daß er die bösen Dämonen ablehne, die ihn
hindern könnten, dem Wahren die Ehre zu geben.

Das Einfache durch das Zusammengesetzte, das Leichte durch
das Schwierige erklären zu wollen ist ein Unheil, das
in dem ganzen Körper der Wissenschaft verteilt ist, von
den Einsichtigen wohl anerkannt, aber nicht überall einge=
standen.

Man sehe die Physik genau durch, und man wird finden,
daß die Phänomene sowie die Versuche, worauf sie gebaut
ist, verschiedenen Wert haben.

Auf die primären, die Urversuche kommt alles an, und das
Kapitel, das hierauf gebaut ist, steht sicher und fest. Aber

es gibt auch sekundäre, tertiäre und so weiter; gesteht man diesen das gleiche Recht zu, so verwirren sie nur das, was von den ersten aufgeklärt war.

Ein großes Übel in den Wissenschaften, ja überall entsteht daher, daß Menschen, die kein Ideenvermögen haben, zu theoretisieren sich vermessen, weil sie nicht begreifen, daß noch so vieles Wissen hiezu nicht berechtigt. Sie gehen im Anfange wohl mit einem löblichen Menschenverstand zu Werke, dieser aber hat seine Grenzen, und wenn er sie überschreitet, kommt er in Gefahr, absurd zu werden. Des Menschenverstandes angewiesenes Gebiet und Erbteil ist der Bezirk des Tuns und Handelns. Tätig wird er sich selten verirren; das höhere Denken, Schließen und Urteilen jedoch ist nicht seine Sache.

Die Erfahrung nutzt erst der Wissenschaft, sodann schadet sie, weil die Erfahrung Gesetz und Ausnahme gewahr werden läßt. Der Durchschnitt von beiden gibt keineswegs das Wahre.

Man sagt, zwischen zwei entgegengesetzten Meinungen liege die Wahrheit mitteninne. Keineswegs! Das Problem liegt dazwischen, das Unschaubare, das ewig tätige Leben, in Ruhe gedacht.

Die Geheimnisse der Lebenspfade darf und kann man nicht offenbaren; es gibt Steine des Anstoßes, über die ein jeder Wanderer stolpern muß. Der Poet aber deutet auf die Stelle hin.

Es wäre nicht der Mühe wert, siebzig Jahr alt zu werden, wenn alle Weisheit der Welt Torheit wäre vor Gott..

86

Das Wahre ist gottähnlich: es erscheint nicht unmittelbar, wir müssen es aus seinen Manifestationen erraten.

Der echte Schüler lernt aus dem Bekannten das Unbekannte entwickeln und nähert sich dem Meister.

Aber die Menschen vermögen nicht leicht aus dem Bekannten das Unbekannte zu entwickeln; denn sie wissen nicht, daß ihr Verstand eben solche Künste wie die Natur treibt.

Denn die Götter lehren uns ihr eigenstes Werk nachahmen; doch wissen wir nur, was wir tun, erkennen aber nicht, was wir nachahmen.

Alles ist gleich, alles ungleich, alles nützlich und schädlich, sprechend und stumm, vernünftig und unvernünftig. Und was man von einzelnen Dingen bekennt, widerspricht sich öfters.

Denn das Gesetz haben die Menschen sich selbst auferlegt, ohne zu wissen, über was sie Gesetze gaben; aber die Natur haben alle Götter geordnet.

Was nun die Menschen gesetzt haben, das will nicht passen, es mag recht oder unrecht sein; was aber die Götter setzten, das ist immer am Platz, recht oder unrecht.

Das Unsterbliche ist nicht dem sterblichen Leben zu vergleichen, und doch ist auch das bloß Lebende verständig. So weiß der Magen recht gut, wann er hungert und dürstet.

So verhält sich die Wahrsagekunst zur menschlichen Natur. Und beide sind dem Einsichtsvollen immer recht; dem Beschränkten aber erscheinen sie bald so, bald so.

In der Schmiede erweicht man das Eisen, indem man das Feuer anbläst und dem Stabe seine überflüssige Nahrung nimmt; ist er aber rein geworden, dann schlägt man ihn und zwingt ihn, und durch die Nahrung eines fremden Wassers wird er wieder stark. Das widerfährt auch dem Menschen von seinem Lehrer.

Wir Menschen sind auf Ausdehnung und Bewegung an= gewiesen; diese beiden allgemeinen Formen sind es, in welchen sich alle übrigen Formen, besonders die sinnlichen offenbaren. Eine geistige Form wird aber keineswegs ver= kürzt, wenn sie in der Erscheinung hervortritt, vorausgesetzt, daß ihr Hervortreten eine wahre Zeugung, eine wahre Fort= pflanzung sei. Das Gezeugte ist nicht geringer als das Zeugende, ja es ist der Vorteil lebendiger Zeugung, daß das Gezeugte vortrefflicher sein kann als das Zeugende.

Was einem angehört, wird man nicht los, und wenn man es wegwürfe.

Eine eklektische Philosophie kann es nicht geben, wohl aber eklektische Philosophen.

Ein Eklektiker aber ist ein jeder, der aus dem, was ihn umgibt, aus dem, was sich um ihn ereignet, sich dasjenige aneignet, was seiner Natur gemäß ist; und in diesem Sinne gilt alles, was Bildung und Fortschreitung heißt, theoretisch oder praktisch genommen.

Verschiedene Sprüche der Alten, die man sich öfters zu wiederholen pflegt, hatten eine ganz andere Bedeutung, als man ihnen in späteren Zeiten geben möchte.

Das Wort, es solle kein mit der Geometrie Unbekannter, der Geometrie Fremder in die Schule des Philosophen treten, heißt nicht etwa, man solle ein Mathematiker sein, um ein Weltweiser zu werden.

Geometrie ist hier in ihren ersten Elementen gedacht, wie sie uns im Euklid vorliegt, und wie wir sie einen jeden Anfänger beginnen lassen. Alsdann aber ist sie die vollkommenste Vorbereitung, ja Einleitung in die Philosophie.

Wenn der Knabe zu begreifen anfängt, daß einem sichtbaren Punkte ein unsichtbarer vorhergehen müsse, daß der nächste Weg zwischen zwei Punkten schon als Linie gedacht werde, ehe sie mit dem Bleistift aufs Papier gezogen wird, so fühlt er einen gewissen Stolz, ein Behagen. Und nicht mit Unrecht; denn ihm ist die Quelle alles Denkens aufgeschlossen, Idee und Verwirklichtes, ,potentia et actu‘ ist ihm klar geworden; der Philosoph entdeckt ihm nichts Neues, dem Geometer war von seiner Seite der Grund alles Denkens aufgegangen.

Nehmen wir sodann das bedeutende Wort vor: Erkenne dich selbst, so müssen wir es nicht im asketischen Sinne auslegen. Es ist keineswegs die Heautognosie unserer modernen Hypochondristen, Humoristen und Heautontimorumenen damit gemeint; sondern es heißt ganz einfach: Gib einigermaßen acht auf dich selbst, nimm Notiz von dir selbst, damit du gewahr werdest, wie du zu deinesgleichen und der Welt zu stehen kommst. Hiezu bedarf es keiner psychologischen Quälereien; jeder tüchtige Mensch weiß und erfährt, was es heißen soll; es ist ein guter Rat, der einem jeden praktisch zum größten Vorteil gedeiht.

Man denke sich das Große der Alten, vorzüglich der Sokratischen Schule, daß sie Quelle und Richtschnur alles Lebens und Tuns vor Augen stellt, nicht zu leerer Spekulation, sondern zu Leben und Tat auffordert.

Wenn nun unser Schulunterricht immer auf das Altertum hinweist, das Studium der griechischen und lateinischen Sprache fördert, so können wir uns Glück wünschen, daß diese zu einer höheren Kultur so nötigen Studien niemals rückgängig werden.

Denn wenn wir uns dem Altertum gegenüberstellen und es ernstlich in der Absicht anschauen, uns daran zu bilden, so gewinnen wir die Empfindung, als ob wir erst eigentlich zu Menschen würden.

Der Schulmann, indem er Lateinisch zu schreiben und zu sprechen versucht, kommt sich höher und vornehmer vor, als er sich in seinem Alltagsleben dünken darf.

Der für dichterische und bildnerische Schöpfungen empfängliche Geist fühlt sich dem Altertum gegenüber in den anmutigst=ideellen Naturzustand versetzt, und noch auf den heutigen Tag haben die Homerischen Gesänge die Kraft, uns wenigstens für Augenblicke von der furchtbaren Last zu befreien, welche die Überlieferung von mehrern tausend Jahren auf uns gewälzt hat.

Wie Sokrates den sittlichen Menschen zu sich berief, damit dieser ganz einfach einigermaßen über sich selbst aufgeklärt würde, so traten Plato und Aristoteles gleichfalls als befugte Individuen vor die Natur; der eine, mit Geist und Gemüt sich ihr anzueignen, der andere, mit Forscherblick und Methode sie für sich zu gewinnen. Und so ist denn auch jede Annäherung, die sich uns im ganzen und einzelnen an diese drei möglich macht, das Ereignis, was wir am freudigsten empfinden und was unsere Bildung zu befördern sich jederzeit kräftig erweist.

Um sich aus der grenzenlosen Vielfachheit, Zerstückelung und Verwickelung der modernen Naturlehre wieder ins Einfache zu retten, muß man sich immer die Frage vorlegen: Wie würde sich Plato gegen die Natur, wie sie uns jetzt in ihrer größeren Mannigfaltigkeit, bei aller gründlichen Einheit, erscheinen mag, benommen haben?

Denn wir glauben überzeugt zu sein, daß wir auf demselben Wege bis zu den letzten Verzweigungen der Erkenntnis organisch gelangen und von diesem Grund aus die Gipfel eines jeden Wissens uns nach und nach aufbauen und befestigen können. Wie uns hiebei die Tätigkeit des Zeitalters fördert und hindert, ist freilich eine Untersuchung, die wir jeden Tag anstellen müssen, wenn wir nicht das Nützliche abweisen und das Schädliche aufnehmen wollen.

Man rühmt das achtzehnte Jahrhundert, daß es sich hauptsächlich mit Analyse abgegeben; dem neunzehnten bleibt nun die Aufgabe, die falschen obwaltenden Synthesen zu entdecken und deren Inhalt aufs neue zu analysieren.

Es gibt nur zwei wahre Religionen, die eine, die das Heilige, das in und um uns wohnt, ganz formlos, die andere, die es in der schönsten Form anerkennt und anbetet. Alles, was dazwischen liegt, ist Götzendienst.

Es ist nicht zu leugnen, daß der Geist sich durch die Reformation zu befreien suchte; die Aufklärung über griechisches und römisches Altertum brachte den Wunsch, die Sehnsucht nach einem freieren, anständigeren und geschmackvolleren Leben hervor. Sie wurde aber nicht wenig dadurch begünstigt, daß das Herz in einen gewissen einfachen Naturzustand zurückzukehren und die Einbildungskraft sich zu konzentrieren trachtete.

Aus dem Himmel wurden auf einmal alle Heiligen vertrieben und von einer göttlichen Mutter mit einem zarten Kinde Sinne, Gedanken, Gemüt auf den Erwachsenen, sittlich Wirkenden, ungerecht Leidenden gerichtet, welcher später als Halbgott verklärt, als wirklicher Gott anerkannt und verehrt wurde.

Er stand vor einem Hintergrunde, wo der Schöpfer das Weltall ausgebreitet hatte; von ihm ging eine geistige Wirkung aus, seine Leiden eignete man sich als Beispiel zu, und seine Verklärung war das Pfand für eine ewige Dauer.

So wie der Weihrauch einer Kohle Leben erfrischt, so erfrischt das Gebet die Hoffnungen des Herzens.

Ich bin überzeugt, daß die Bibel immer schöner wird, je mehr man sie versteht, das heißt, je mehr man einsieht und anschaut, daß jedes Wort, das wir allgemein auffassen und im besondern auf uns anwenden, nach gewissen Umständen, nach Zeit= und Ortsverhältnissen einen eignen, besondern, unmittelbar individuellen Bezug gehabt hat.

Genau besehen, haben wir uns noch alle Tage zu reformieren und gegen andere zu protestieren, wenn auch nicht in religiösem Sinne.

Wir haben das unabweichliche, täglich zu erneuernde, grundernstliche Bestreben, das Wort mit dem Empfundenen, Geschauten, Gedachten, Erfahrenen, Imaginierten, Vernünftigen möglichst unmittelbar zusammentreffend zu erfassen.

Jeder prüfe sich, und er wird finden, daß dies viel schwerer sei, als man denken möchte; denn leider sind dem Menschen die Worte gewöhnlich Surrogate: er denkt und weiß es meistenteils besser, als er sich ausspricht.

Verharren wir aber in dem Bestreben, das Falsche, Ungehörige, Unzulängliche, was sich in uns und andern entwickeln oder einschleichen könnte, durch Klarheit und Redlichkeit auf das möglichste zu beseitigen!

Mit den Jahren steigern sich die Prüfungen.

Wo ich aufhören muß, sittlich zu sein, habe ich keine Gewalt mehr.

Zensur und Preßfreiheit werden immerfort miteinander kämpfen. Zensur fordert und übt der Mächtige, Preßfreiheit verlangt der Mindere. Jener will weder in seinen Planen noch seiner Tätigkeit durch vorlautes widersprechen=

des Wesen gehindert, sondern gehorcht sein; diese wollen
ihre Gründe aussprechen, den Ungehorsam zu legitimieren.
Dieses wird man überall geltend finden.

Doch muß man auch hier bemerken, daß der Schwächere,
der leidende Teil gleichfalls auf seine Weise die Preßfrei=
heit zu unterdrücken sucht, und zwar in dem Falle, wenn
er konspiriert und nicht verraten sein will.

Man wird nie betrogen, man betrügt sich selbst.

Wir brauchen in unserer Sprache ein Wort, das, wie Kind=
heit sich zu Kind verhält, so das Verhältnis Volkheit zum
Volke ausdrückt. Der Erzieher muß die Kindheit hören,
nicht das Kind; der Gesetzgeber und Regent die Volkheit,
nicht das Volk. Jene spricht immer dasselbe aus, ist ver=
nünftig, beständig, rein und wahr; dieses weiß niemals für
lauter Wollen, was es will. Und in diesem Sinne soll
und kann das Gesetz der allgemein ausgesprochene Wille
der Volkheit sein, ein Wille, den die Menge niemals aus=
spricht, den aber der Verständige vernimmt, und den der
Vernünftige zu befriedigen weiß und der Gute gern be=
friedigt.

Welches Recht wir zum Regiment haben, darnach fragen
wir nicht: wir regieren. Ob das Volk ein Recht habe, uns
abzusetzen, darum bekümmern wir uns nicht: wir hüten
uns nur, daß es nicht in Versuchung komme, es zu tun.

Wenn man den Tod abschaffen könnte, dagegen hätten wir
nichts; die Todesstrafen abzuschaffen wird schwer halten.
Geschieht es, so rufen wir sie gelegentlich wieder zurück.

94

Wenn sich die Sozietät des Rechtes begibt, die Todesstrafe zu verfügen, so tritt die Selbsthilfe unmittelbar wieder hervor: die Blutrache klopft an die Türe.

Alle Gesetze sind von Alten und Männern gemacht. Junge und Weiber wollen die Ausnahme, Alte die Regel.

Der Verständige regiert nicht, aber der Verstand; nicht der Vernünftige, sondern die Vernunft.

Wen jemand lobt, dem stellt er sich gleich.

Es ist nicht genug zu wissen, man muß auch anwenden; es ist nicht genug zu wollen, man muß auch tun.

Es gibt keine patriotische Kunst und keine patriotische Wissenschaft. Beide gehören wie alles hohe Gute der ganzen Welt an und können nur durch allgemeine freie Wechsel= wirkung aller zugleich Lebenden in steter Rücksicht auf das, was uns vom Vergangenen übrig und bekannt ist, geför= dert werden.

Wissenschaften entfernen sich im ganzen immer vom Leben und kehren nur durch einen Umweg wieder dahin zurück. Denn sie sind eigentlich Kompendien des Lebens: sie bringen die äußern und innern Erfahrungen ins Allgemeine, in einen Zusammenhang.

Nur durch eine erhöhte Praxis sollten die Wissenschaften auf die äußere Welt wirken; denn eigentlich sind sie alle esote= risch und können nur durch Verbessern irgend eines Tuns exoterisch werden. Alle übrige Teilnahme führt zu nichts.

Die Wissenschaften, auch in ihrem innern Kreise betrachtet, werden mit augenblicklichem jedesmaligem Interesse behandelt. Ein starker Anstoß, besonders von etwas Neuem und Unerhörtem oder wenigstens mächtig Gefördertem, erregt eine allgemeine Teilnahme, die jahrelang dauern kann und die besonders in den letzten Zeiten sehr fruchtbar geworden ist.

Ein bedeutendes Faktum, ein geniales Aperçu beschäftigt eine sehr große Anzahl Menschen, erst nur um es zu kennen, dann um es zu erkennen, dann es zu bearbeiten und weiterzuführen.

Die Menge fragt bei einer jeden neuen bedeutenden Erscheinung, was sie nutze, und sie hat nicht unrecht; denn sie kann bloß durch den Nutzen den Wert einer Sache gewahr werden.

Die wahren Weisen fragen, wie sich die Sache verhalte in sich selbst und zu andern Dingen, unbekümmert um den Nutzen, das heißt, um die Anwendung auf das Bekannte und zum Leben Notwendige, welche ganz andere Geister, scharfsinnige, lebenslustige, technisch geübte und gewandte, schon finden werden.

Die Afterweisen suchen von jeder neuen Entdeckung nur so geschwind als möglich für sich einigen Vorteil zu ziehen, indem sie einen eitlen Ruhm bald in Fortpflanzung, bald in Vermehrung, bald in Verbesserung, geschwinder Besitznahme, vielleicht gar durch Präokkupation zu erwerben suchen und durch solche Unreifheiten die wahre Wissenschaft unsicher machen und verwirren, ja ihre schönste Folge, die praktische Blüte derselben, offenbar verkümmern.

Das schädlichste Vorurteil ist, daß irgend eine Art Natur=
untersuchung mit dem Bann belegt werden könne.

Jeder Forscher muß sich durchaus ansehen als einer, der zu
einer Jury berufen ist. Er hat nur darauf zu achten, in=
wiefern der Vortrag vollständig sei und durch klare Belege
auseinandergesetzt. Er faßt hiernach seine Überzeugung zu=
sammen und gibt seine Stimme, es sei nun, daß seine
Meinung mit der des Referenten übereintreffe, oder nicht.

Die Geschichte der Philosophie, der Wissenschaften, der Re=
ligion, alles zeigt, daß die Meinungen massenweis sich ver=
breiten, immer aber diejenige den Vorrang gewinnt, welche
faßlicher, das heißt, dem menschlichen Geiste in seinem ge=
meinen Zustande gemäß und bequem ist. Ja derjenige, der
sich in höherem Sinne ausgebildet, kann immer voraus=
setzen, daß er die Majorität gegen sich habe.

Wäre die Natur in ihren leblosen Anfängen nicht so gründ=
lich stereometrisch, wie wollte sie zuletzt zum unberechen=
baren und unermeßlichen Leben gelangen?

Der Mensch an sich selbst, insofern er sich seiner gesunden
Sinne bedient, ist der größte und genaueste physikalische
Apparat, den es geben kann, und das ist eben das größte
Unheil der neuern Physik, daß man die Experimente gleich=
sam vom Menschen abgesondert hat und bloß in dem, was
künstliche Instrumente zeigen, die Natur erkennen, ja, was
sie leisten kann, dadurch beschränken und beweisen will.

Es ist von einem Experiment zu viel gefordert, wenn es
alles leisten soll. Konnte man doch die Elektrizität erst

nur durch Reiben darstellen, deren höchste Erscheinung jetzt durch bloße Berührung hervorgebracht wird.

Jeder Denkende, der seinen Kalender ansieht, nach seiner Uhr blickt, wird sich erinnern, wem er diese Wohltaten schuldig ist. Wenn man sie aber auch auf ehrfurchtsvolle Weise in Zeit und Raum gewähren läßt, so werden sie erkennen, daß wir etwas gewahr werden, was weit darüber hinausgeht, welches allen angehört, und ohne welches sie selbst weder tun noch wirken könnten: Idee und Liebe.

Einer neuen Wahrheit ist nichts schädlicher als ein alter Irrtum.

Die Menschen sind durch die unendlichen Bedingungen des Erscheinens dergestalt obruiert, daß sie das eine Urbedingende nicht gewahren können.

Steine sind stumme Lehrer, sie machen den Beobachter stumm, und das Beste, was man von ihnen lernt, ist nicht mitzuteilen.

Was ich recht weiß, weiß ich nur mir selbst; ein ausgesprochenes Wort fördert selten, es erregt meistens Widerspruch, Stocken und Stillstehen.

Die Kristallographie, als Wissenschaft betrachtet, gibt zu ganz eigenen Ansichten Anlaß. Sie ist nicht produktiv, sie ist nur sie selbst und hat keine Folgen, besonders nunmehr, da man so manche isomorphische Körper angetroffen hat, die sich ihrem Gehalte nach ganz verschieden erweisen. Da sie eigentlich nirgends anwendbar ist, so hat sie sich in dem hohen Grade in sich selbst ausgebildet. Sie gibt dem Geist eine gewisse beschränkte Befriedigung und ist in ihren Einzelheiten so mannigfaltig, daß man sie unerschöpflich nennen kann; deswegen sie auch vorzügliche Menschen so entschieden und lange an sich festhält.

Etwas Mönchisch-Hagestolzenartiges hat die Kristallographie und ist daher sich selbst genug. Von praktischer Lebenseinwirkung ist sie nicht; denn die köstlichsten Erzeugnisse ihres Gebietes, die kristallinischen Edelsteine, müssen erst zugeschliffen werden, ehe wir unsere Frauen damit schmücken können.

Ganz das Entgegengesetzte ist von der Chemie zu sagen, welche von der ausgebreitetsten Anwendung und von dem grenzenlosesten Einfluß aufs Leben sich erweist.

Der Begriff vom Entstehen ist uns ganz und gar versagt; daher wir, wenn wir etwas werden sehen, denken, daß es schon dagewesen sei. Deshalb das System der Einschachtelung uns begreiflich vorkommt.

Wie manches Bedeutende sieht man aus Teilen zusammensetzen: man betrachte die Werke der Baukunst; man sieht manches sich regel- und unregelmäßig anhäufen. -Daher ist uns der atomistische Begriff nah und bequem zur Hand; deshalb wir uns nicht scheuen, ihn auch in organischen Fällen anzuwenden.

Wer den Unterschied des Phantastischen und Ideellen, des Gesetzlichen und Hypothetischen nicht zu fassen weiß, der ist als Naturforscher in einer üblen Lage.

Es gibt Hypothesen, wo Verstand und Einbildungskraft sich
an die Stelle der Idee setzen.

Man tut nicht wohl, sich allzulange im Abstrakten aufzu=
halten. Das Esoterische schadet nur, indem es exoterisch
zu werden trachtet. Leben wird am besten durchs Lebendige
belehrt.

Für die vorzüglichste Frau wird diejenige gehalten, welche
ihren Kindern den Vater, wenn er abgeht, zu ersetzen im=
stande wäre.

Der unschätzbare Vorteil, welchen die Ausländer gewinnen,
indem sie unsere Literatur erst jetzt gründlich studieren, ist
der, daß sie über die Entwickelungskrankheiten, durch die
wir nun schon beinahe während dem Laufe des Jahr=
hunderts durchgehen mußten, auf einmal weggehoben wer=
den und, wenn das Glück gut ist, ganz eigentlich daran
sich auf das wünschenswerteste ausbilden.

Wo die Franzosen des achtzehnten Jahrhunderts zerstörend
sind, ist Wieland neckend.

Das poetische Talent ist dem Bauer so gut gegeben wie
dem Ritter; es kommt nur darauf an, daß jeder seinen
Zustand ergreife und ihn nach Würden behandle.

Das Wort Schule, wie man es in der Geschichte der bil=
denden Kunst nimmt, wo man von einer florentinischen,
römischen und venezianischen Schule spricht, wird sich
künftighin nicht mehr auf das deutsche Theater anwenden
lassen. Es ist ein Ausdruck, dessen man sich vor dreißig,

vierzig Jahren vielleicht noch bedienen konnte, wo unter
beschränkteren Umständen sich eine natur- und kunstgemäße
Ausbildung noch denken ließ; denn, genau besehen, gilt
auch in der bildenden Kunst das Wort Schule nur von
den Anfängen: denn sobald sie treffliche Männer hervorgebracht hat, wirkt sie alsobald in die Weite. Florenz be-
weist seinen Einfluß über Frankreich und Spanien; Nieder-
länder und Deutsche lernen von den Italienern und erwerben sich mehr Freiheit in Geist und Sinn, anstatt daß
die Südländer von ihnen eine glücklichere Technik und die
genaueste Ausführung von Norden her gewinnen.

Das deutsche Theater befindet sich in der Schlußepoche,
wo eine allgemeine Bildung dergestalt verbreitet ist, daß
sie keinem einzelnen Orte mehr angehören, von keinem besondern Punkte mehr ausgehen kann.

Der Grund aller theatralischen Kunst wie einer jeden andern
ist das Wahre, das Naturgemäße. Je bedeutender dieses
ist, auf je höherem Punkte Dichter und Schauspieler es zu
fassen verstehen, eines desto höheren Ranges wird sich die
Bühne zu rühmen haben. Hiebei gereicht es Deutschland
zu einem großen Gewinn, daß der Vortrag trefflicher Dichtung allgemeiner geworden ist und auch außerhalb des
Theaters sich verbreitet hat.

Auf der Rezitation ruht alle Deklamation und Mimik.
Da nun beim Vorlesen jene ganz allein zu beachten und
zu üben ist, so bleibt offenbar, daß Vorlesungen die Schule
des Wahren und Natürlichen bleiben müssen, wenn Männer,
die ein solches Geschäft übernehmen, von dem Wert, von
der Würde ihres Berufs durchdrungen sind.

Shakespeare und Calderon haben solchen Vorlesungen einen glänzenden Eingang gewährt; jedoch bedenke man immer dabei, ob nicht hier gerade das imposante Fremde, das bis zum Unwahren gesteigerte Talent der deutschen Ausbildung schädlich werden müsse!

Eigentümlichkeit des Ausdrucks ist Anfang und Ende aller Kunst. Nun hat aber eine jede Nation eine von dem allgemeinen Eigentümlichen der Menschheit abweichende besondere Eigenheit, die uns zwar anfänglich widerstreben mag, aber zuletzt, wenn wir's uns gefallen ließen, wenn wir uns derselben hingäben, unsere eigene charakteristische Natur zu überwältigen und zu erdrücken vermöchte.

Wieviel Falsches Shakespeare und besonders Calderon über uns gebracht, wie diese zwei großen Lichter des poetischen Himmels für uns zu Irrlichtern geworden, mögen die Literatoren der Folgezeit historisch bemerken.

Eine völlige Gleichstellung mit dem spanischen Theater kann ich nirgends billigen. Der herrliche Calderon hat soviel Konventionelles, daß einem redlichen Beobachter schwer wird, das große Talent des Dichters durch die Theateretikette durchzuerkennen. Und bringt man so etwas irgend einem Publikum, so setzt man bei demselben immer guten Willen voraus, daß es geneigt sei, auch das Weltfremde zuzugeben, sich an ausländischem Sinn, Ton und Rhythmus zu ergötzen und aus dem, was ihm eigentlich gemäß ist, eine Zeitlang herauszugehen.

Dorik-Sterne war der schönste Geist, der je gewirkt hat; wer ihn liest, fühlt sich sogleich frei und schön; sein

Humor ist unnachahmlich, und nicht jeder Humor befreit die Seele.

Auch jetzt im Augenblick sollte jeder Gebildete Sternes Werke wieder zur Hand nehmen, damit auch das neunzehnte Jahrhundert erführe, was wir ihm schuldig sind, und einsähe, was wir ihm schuldig werden können.

In dem Erfolg der Literaturen wird das frühere Wirksame verdunkelt und das daraus entsprungene Gewirkte nimmt überhand: deswegen man wohltut, von Zeit zu Zeit wieder zurückzublicken. Was an uns Original ist wird am besten erhalten und belobt, wenn wir unsre Altvordern nicht aus den Augen verlieren.

Möge das Studium der griechischen und römischen Literatur immerfort die Basis der höheren Bildung bleiben!

Chinesische, indische, ägyptische Altertümer sind immer nur Kuriositäten; es ist sehr wohlgetan, sich und die Welt damit bekannt zu machen; zu sittlicher und ästhetischer Bildung aber werden sie uns wenig fruchten.

Der Deutsche läuft keine größere Gefahr, als sich mit und an seinen Nachbarn zu steigern. Es ist vielleicht keine Nation geeigneter, sich aus sich selbst zu entwickeln; deswegen es ihr zum größten Vorteil gereichte, daß die Außenwelt von ihr so spät Notiz nahm.

Sehen wir unsre Literatur über ein halbes Jahrhundert zurück, so finden wir, daß nichts um der Fremden willen geschehen ist.

Daß Friedrich der Große aber gar nichts von ihnen wissen
wollte, das verdroß die Deutschen doch, und sie taten das
möglichste, als etwas vor ihm zu erscheinen.

Jetzt, da sich eine Weltliteratur einleitet, hat, genau besehen,
der Deutsche am meisten zu verlieren; er wird wohltun,
dieser Warnung nachzudenken.

Auch einsichtige Menschen bemerken nicht, daß sie dasjenige
erklären wollen, was Grunderfahrungen sind, bei denen man
sich beruhigen müßte.

Wer sich von nun an nicht auf eine Kunst oder Handwerk
legt, der wird übel dran sein. Das Wissen fördert nicht
mehr bei dem schnellen Umtriebe der Welt; bis man von
allem Notiz genommen hat, verliert man sich selbst.

Eine allgemeine Ausbildung bringt uns jetzt die Welt ohne=
hin auf, wir brauchen uns deshalb darum nicht weiter zu
bemühen; das Besondere müssen wir uns zueignen.

Die größten Schwierigkeiten liegen da, wo wir sie nicht
suchen.

»Pereant, qui ante nos nostra dixerunt!«
So wunderlich könnte nur derjenige sprechen, der sich ein=
bildete, ein Autochthon zu sein. Wer sich's zur Ehre hält,
von vernünftigen Vorfahren abzustammen, wird ihnen doch
wenigstens ebensoviel Menschensinn zugestehen als sich selbst.

Die originalsten Autoren der neusten Zeit sind es nicht des=
wegen, weil sie etwas Neues hervorbringen, sondern allein,

weil sie fähig sind, dergleichen Dinge zu sagen, als wenn sie vorher niemals wären gesagt gewesen.

Daher ist das schönste Zeichen der Originalität, wenn man einen empfangenen Gedanken dergestalt fruchtbar zu ent= wickeln weiß, daß niemand leicht, wieviel in ihm verbor= gen liege, gefunden hätte.

Viele Gedanken heben sich erst aus der allgemeinen Kultur hervor wie die Blüten aus den grünen Zweigen. Zur Rosen= zeit sieht man Rosen überall blühen.

Eigentlich kommt alles auf die Gesinnungen an; wo diese sind, treten auch die Gedanken hervor, und nachdem sie sind, sind auch die Gedanken.

Wer lange in bedeutenden Verhältnissen lebt, dem begegnet freilich nicht alles, was dem Menschen begegnen kann, aber doch das Analoge, und vielleicht einiges, was ohne Bei= spiel war.

Aus dem Nachlaß
Über Literatur und Leben

Jede große Idee, die als ein Evangelium in die Welt tritt, wird dem stockenden pedantischen Volke ein Ärgernis und einem Viel=, aber Leichtgebildeten eine Torheit.

Eine jede Idee tritt als ein fremder Gast in die Erscheinung, und wie sie sich zu realisieren beginnt, ist sie kaum von Phantasie und Phantasterei zu unterscheiden.

Alle unmittelbare Aufforderung zum Ideellen ist bedenklich, besonders an die Weiblein. Wie es auch sei, umgibt sich der einzelne bedeutende Mann mit einem mehr oder weniger religiös=moralisch=ästhetischen Serail.

Alle Empiriker streben nach der Idee und können sie in der Mannigfaltigkeit nicht entdecken; alle Theoretiker suchen sie im Mannigfaltigen und können sie darinne nicht auffinden.

Beide jedoch finden sich im Leben, in der Tat, in der Kunst zusammen, und das ist so oft gesagt; wenige aber verstehen, es zu nutzen.

Man kann die Nützlichkeit einer Idee anerkennen und doch nicht recht verstehen, sie vollkommen zu nutzen.

Jedem Alter des Menschen antwortet eine gewisse Philosophie. Das Kind erscheint als Realist; denn es findet sich so überzeugt von dem Dasein der Birnen und Äpfel als von dem seinigen. Der Jüngling, von innern Leidenschaften bestürmt, muß auf sich selbst merken, sich vor=

fühlen: er wird zum Idealisten umgewandelt. Dagegen ein Skeptiker zu werden hat der Mann alle Ursache; er tut wohl zu zweifeln, ob das Mittel, das er zum Zwecke gewählt hat, auch das rechte sei. Vor dem Handeln, im Handeln hat er alle Ursache, den Verstand beweglich zu erhalten, damit er nicht nachher sich über eine falsche Wahl zu betrüben habe. Der Greis jedoch wird sich immer zum Mystizismus bekennen. Er sieht, daß so vieles vom Zufall abzuhängen scheint: das Unvernünftige gelingt, das Vernünftige schlägt fehl, Glück und Unglück stellen sich unerwartet ins Gleiche; so ist es, so war es, und das hohe Alter beruhigt sich in dem, der da ist, der da war, und der da sein wird.

Wir sind naturforschend Pantheisten, dichtend Polytheisten, sittlich Monotheisten.

Den teleologischen Beweis vom Dasein Gottes hat die kritische Vernunft beseitigt; wir lassen es uns gefallen. Was aber nicht als Beweis gilt, soll uns als Gefühl gelten, und wir rufen daher von der Brontotheologie bis zur Niphotheologie alle dergleichen fromme Bemühungen wieder heran. Sollten wir im Blitz, Donner und Sturm nicht die Nähe einer übergewaltigen Macht, in Blütenduft und lauem Luftsäuseln nicht ein liebevoll sich annäherndes Wesen empfinden dürfen?

„Ich glaube einen Gott!" dies ist ein schönes löbliches Wort; aber Gott anerkennen, wo und wie er sich offenbare, das ist eigentlich die Seligkeit auf Erden.

Wer die Natur als göttliches Organ leugnen will, der leugne nur gleich alle Offenbarung.

„Die Natur verbirgt Gott!“   Aber nicht jedem!

Gott, wenn wir hoch stehen, ist alles; stehen wir niedrig, so ist er ein Supplement unsrer Armseligkeit.

Die Kreatur ist sehr schwach; denn sucht sie etwas, findet sie's nicht. Stark aber ist Gott; denn sucht er die Kreatur, so hat er sie gleich in seiner Hand.

Glaube ist Liebe zum Unsichtbaren, Vertrauen aufs Unmögliche, Unwahrscheinliche.

Das Christentum steht mit dem Judentum in einem weit stärkern Gegensatz als mit dem Heidentum.

Die christliche Religion ist eine intentionierte politische Revolution, die, verfehlt, nachher moralisch geworden ist.

Die Ohrenbeichte im besten Sinne ist eine fortgesetzte Katechisation der Erwachsnen.

Wenn ein gutes Wort eine gute Statt findet, so findet ein frommes Wort gewiß noch eine bessere.

Alles kommt bei der Mission darauf an, daß der rohe sinnliche Mensch gewahr wird, daß es eine Sitte gebe; daß der leidenschaftliche, ungebändigte merkt, daß er Fehler begangen hat, die er sich selbst nicht verzeihen kann. Die erste führt zur Annahme zarter Maximen, das letzte auf Glauben einer Versöhnung. Alles Mittlere von zufällig scheinenden Übeln wird einer weisen unerforschlichen Führung anheim gegeben.

Wo Lampen brennen, gibt's Ölflecken, wo Kerzen brennen, gibt's Schnuppen; die Himmelslichter allein erleuchten rein und ohne Makel.

Pflicht: wo man liebt, was man sich selbst befiehlt.

Der rechtliche Mensch denkt immer, er sei vornehmer und mächtiger, als er ist.

Alle Gesetze sind Versuche, sich den Absichten der moralischen Weltordnung im Welt- und Lebenslaufe zu nähern.

Es ist besser, es geschehe dir unrecht, als die Welt sei ohne Gesetz. Deshalb füge sich jeder dem Gesetze.

Es ist besser, daß Ungerechtigkeiten geschehen, als daß sie auf eine ungerechte Weise gehoben werden.

Nero hätte in den vier Jahren, die das Interregnum dauerte — so nenne ich die Regierungen des Galba, Otho, Vitellius — nicht so viel Unheil stiften können, als nach seiner Ermordung über die Welt gekommen.

Wäre es Gott darum zu tun gewesen, daß die Menschen in der Wahrheit leben und handeln sollten, so hätte er seine Einrichtung anders machen müssen.

Man könnte zum Scherze sagen, der Mensch sei ganz aus Fehlern zusammengesetzt, wovon einige der Gesellschaft nützlich, andre schädlich, einige brauchbar, einige unbrauchbar gefunden werden. Von jenen spricht man Gutes: nennt sie Tugenden; von diesen Böses: nennt sie Fehler.

Nicht allein das Angeborene, sondern auch das Erworbene ist der Mensch.

Unsre Eigenschaften müssen wir kultivieren, nicht unsre Eigenheiten.

Charakter im großen und kleinen ist, daß der Mensch demjenigen eine stete Folge gibt, dessen er sich fähig fühlt.

Man sieht gleich, wo die zwei notwendigsten Eigenschaften fehlen: Geist und Gewalt.

Unsre Meinungen sind nur Supplemente unsrer Existenz. Wie einer denkt, daran kann man sehen, was ihm fehlt. Die leersten Menschen halten sehr viel auf sich, treffliche sind mißtrauisch, der Lasterhafte ist frech, und der Gute ist ängstlich. So setzt sich alles ins Gleichgewicht; jeder will ganz sein oder es vor sich scheinen.

Historisch betrachtet, erscheint unser Gutes in mäßigem Lichte und unsere Mängel entschuldigen sich.

Der liebt nicht, der die Fehler des Geliebten nicht für Tugenden hält.

Man kann niemand lieben, als dessen Gegenwart man sicher ist, wenn man sein bedarf.

Man kennt nur diejenigen, von denen man leidet.

Man beobachtet niemand als die Personen, von denen man leidet. Um unerkannt in der Welt umherzugehen, müßte man nur niemand wehe tun.

Mit jemand leben oder in jemand leben ist ein großer
Unterschied. Es gibt Menschen, in denen man leben kann,
ohne mit ihnen zu leben, und umgekehrt. Beides zu verbinden ist nur der reinsten Liebe und Freundschaft möglich.

Es ist besser, man betrügt sich an seinen Freunden, als daß
man seine Freunde betrüge.

Der Mensch kann nur mit seinesgleichen leben und auch
mit denen nicht; denn er kann auf die Länge nicht leiden,
daß ihm jemand gleich sei.

Wenn ein paar Menschen recht miteinander zufrieden sind,
kann man meistens versichert sein, daß sie sich irren.

Der Wolf im Schafpelze ist weniger gefährlich als das
Schaf in irgend einem Pelze, wo man es für mehr als
einen Schöps nimmt.

Sage nicht, daß du geben willst, sondern gib! Die Hoffnung befriedigst du nie.

Man würde viel Almosen geben, wenn man Augen hätte
zu sehen, was eine empfangende Hand für ein schönes Bild
macht.

Zum Tun gehört Talent, zum Wohltun Vermögen.

Eine gefallene Schreibfeder muß man gleich aufheben, sonst
wird sie zertreten.

Es ist keine Kunst, eine Göttin zur Hexe, eine Jungfrau zur
Hure zu machen; aber zur umgekehrten Operation, Würde

zu geben dem Verschmähten, wünschenswert zu machen das
Verworfene, dazu gehört entweder Kunst oder Charakter.

Es gibt keine Lage, die man nicht veredeln könnte durch
Leisten oder Dulden.

Dem Verzweifelnden verzeiht man alles, dem Verarmten
gibt man jeden Erwerb zu.

Glaube, Liebe, Hoffnung fühlten einst in ruhiger geselliger
Stunde einen plastischen Trieb in ihrer Natur; sie befleißig=
ten sich zusammen und schufen ein liebliches Gebild, eine
Pandora im höhern Sinne: die Geduld.

Lüsternheit: Spiel mit dem zu Genießenden, Spiel mit dem
Genossenen.

Eitelkeit ist eine persönliche Ruhmsucht: man will nicht
wegen seiner Eigenschaften, seiner Verdienste, Taten ge=
schätzt, geehrt, gesucht werden, sondern um seines indivi=
duellen Daseins willen. Am besten kleidet die Eitelkeit
deshalb eine frivole Schöne.

Dummheit, seinen Feind vor dem Tode, und Niederträch=
tigkeit, nach dem Siege zu verkleinern.

Die schwer zu lösende Aufgabe strebender Menschen ist, die
Verdienste älterer Mitlebenden anzuerkennen und sich von
ihren Mängeln nicht hindern zu lassen.

Das radikale Übel: daß jeder gern sein möchte, was er sein
könnte, und die übrigen nichts, ja nicht wären.

Ein Mensch zeigt nicht eher seinen Charakter, als wenn er von einem großen Menschen oder irgend von etwas Außerordentlichem spricht. Es ist der rechte Probierstein aufs Kupfer.

Nur solchen Menschen, die nichts hervorzubringen wissen, denen ist nichts da.

Warum man doch ewige Mißreden hört? Sie glauben sich alle etwas zu vergeben, wenn sie das kleinste Verdienst anerkennen.

Vom Verdienste fordert man Bescheidenheit; aber diejenigen, die unbescheiden das Verdienst schmälern, werden mit Behagen angehört.

Dem Menschen ist verhaßt, was er nicht glaubt, selbst getan zu haben; deswegen der Parteigeist so eifrig ist. Jeder Alberne glaubt, ins Beste einzugreifen, und alle Welt, die nichts ist, wird zu was.

Es ist niemand fähig zu denken, daß jemand etwas konstruieren und protegieren möchte, als um Partei zu machen.

Im Laufe des frischen Lebens erduldet man viel, es sei nun vom Veralteten oder Überneuen.

Wie haben sich die Deutschen nicht gebärdet, um dasjenige abzuwehren, was ich allenfalls getan und geleistet habe, und tun sie's nicht noch? Hätten sie alles gelten lassen und wären weitergegangen, hätten sie mit meinem Erwerb gewuchert, so wären sie weiter, wie sie sind.

Daß die Naturforscher nicht durchaus mit mir einig werden, ist bei der Stellung so verschiedener Denkweisen ganz natürlich; die meinige werde ich gleichfalls künftig zu behaupten suchen. Aber auch im ästhetischen und moralischen Felde wird es Mode, gegen mich zu streiten und zu wirken. Ich weiß recht gut woher und wohin, warum und wozu, erkläre mich aber weiter nicht darüber. Die Freunde, mit denen ich gelebt, für die ich gelebt, werden sich und mein Andenken aufrecht zu erhalten wissen.

Das Urteil können sie verwehren, aber die Wirkung nicht hindern.

Toleranz sollte eigentlich nur eine vorübergehende Gesinnung sein: sie muß zur Anerkennung führen. Dulden heißt beleidigen.

Die wahre Liberalität ist Anerkennung.

Mit wahrhaft Gleichgesinnten kann man sich auf die Länge nicht entzweien, man findet sich immer wieder einmal zusammen; mit eigentlich Widergesinnten versucht man umsonst, Einigkeit zu halten, es bricht immer wieder einmal auseinander.

Ich höre das ganze Jahr jedermann anders reden, als ich's meine; warum sollt' ich denn auch nicht einmal sagen, wie ich gesinnt bin?

Eine nachgesprochne Wahrheit verliert schon ihre Grazie, aber ein nachgesprochner Irrtum ist ganz ekelhaft.

Das Absurde, Falsche läßt sich jedermann gefallen: denn es schleicht sich ein; das Wahre, Derbe nicht: denn es schließt aus.

Es gibt Menschen, die auf die Mängel ihrer Freunde sinnen; dabei ist nichts zu gewinnen. Ich habe immer auf die Verdienste meiner Widersacher achtgehabt und davon Vorteil gezogen.

Vernünftiges und Unvernünftiges haben gleichen Widerspruch zu erleiden.

Es ist ganz einerlei, ob man das Wahre oder das Falsche sagt: beidem wird widersprochen.

Gegner glauben, uns zu widerlegen, wenn sie ihre Meinung wiederholen und auf die unsrige nicht achten.

Diejenigen, welche widersprechen und streiten, sollten mitunter bedenken, daß nicht jede Sprache jedem verständlich sei.

Es hört doch jeder nur, was er versteht.

Eine richtige Antwort ist wie ein lieblicher Kuß.

Es gibt viele Menschen, die sich einbilden, was sie erfahren, das verstünden sie auch.

Wer kann sagen, er erfahre was, wenn er nicht ein Erfahrender ist?

Über die wichtigsten Angelegenheiten des Gefühls wie der Vernunft, der Erfahrung wie des Nachdenkens soll man nur mündlich verhandeln. Das ausgesprochene Wort ist sogleich tot, wenn es nicht durch ein folgendes, dem Hörer

gemäßes am Leben erhalten wird. Man merke nur auf
ein geselliges Gespräch! Gelangt das Wort nicht schon
tot zu dem Hörer, so ermordet er es alsogleich durch Wider=
spruch, Bestimmen, Bedingen, Ablenken, Abspringen, und
wie die tausendfältigen Unarten des Unterhaltens auch heißen
mögen. Mit dem Geschriebenen ist es noch schlimmer.
Niemand mag lesen als das, woran er schon einigermaßen
gewöhnt ist; das Bekannte, das Gewohnte verlangt er unter
veränderter Form. Doch hat das Geschriebene den Vorteil,
daß es dauert und die Zeit abwarten kann, wo ihm zu
wirken gegönnt ist.

Was man mündlich ausspricht, muß der Gegenwart, dem
Augenblick gewidmet sein; was man schreibt, widme man
der Ferne, der Folge.

Man frage nicht, ob man durchaus übereinstimmt, sondern
ob man in einem Sinne verfährt.

Nichts Peinlichers habe gefunden, als mit jemand in wider=
wärtigem Verhältnis zu stehen, mit dem ich übrigens aus
einem Sinne gern gehandelt hätte.

Beim Zerstören gelten alle falschen Argumente, beim Auf=
bauen keineswegs. Was nicht wahr ist, baut nicht.

Die gegenwärtige Welt ist nicht wert, daß wir etwas für
sie tun; denn die bestehende kann in dem Augenblick ab=
scheiden. Für die vergangne und künftige müssen wir ar=
beiten: für jene, daß wir ihr Verdienst anerkennen, für
diese, daß wir ihren Wert zu erhöhen suchen.

Wer freudig tut und sich des Getanen freut, ist glücklich.

Wie viele Jahre muß man nicht tun, um nur einigermaßen zu wissen, was und wie es zu tun sei!

Es ist nichts furchtbarer anzuschauen als grenzenlose Tätigkeit ohne Fundament. Glücklich diejenigen, die im Praktischen gegründet sind und sich zu gründen wissen! Hiezu bedarf's aber einer ganz eigenen Doppelgabe.

Es ist nichts inkonsequenter als die höchste Konsequenz, weil sie unnatürliche Phänomene hervorbringt, die zuletzt umschlagen.

Wer das erste Knopfloch verfehlt, kommt mit dem Zuknöpfen nicht zu Rande.

Man geht nie weiter, als wenn man nicht mehr weiß, wohin man geht.

Wer sein Leben mit einem Geschäft zubringt, dessen Undankbarkeit er zuletzt einsieht, der haßt es und kann es doch nicht loswerden.

Frage sich doch jeder, mit welchem Organ er allenfalls in seine Zeit einwirken kann und wird!

Ein schäbiges Kamel trägt immer noch die Lasten vieler Esel.

Derjenige, der's allen andern zuvortun will, betrügt sich meist selbst; er tut nur alles, was er kann, und bildet sich dann gefällig vor, das sei soviel und mehr als das, was alle können.

Versuche, die eigne Autorität zu fundieren: sie ist überall begründet, wo Meisterschaft ist.

Denke nur niemand, daß man auf ihn als den Heiland gewartet habe!

Wer tätig sein will und muß, hat nur das Gehörige des Augenblicks zu bedenken, und so kommt er ohne Weitläufig= keit durch. Das ist der Vorteil der Frauen, wenn sie ihn verstehen.

Mit Ungeduld bestraft sich zehnfach Ungeduld; man will das Ziel heranziehen und entfernt es nur.

Der Augenblick ist eine Art von Publikum: man muß ihn betrügen, daß er glaube, man tue was; dann läßt er uns gewähren und im geheimen fortführen, worüber seine Enkel erstaunen müssen.

Der Tag an und für sich ist gar zu miserabel; wenn man nicht ein Lustrum anpackt, so gibt's keine Garbe.

Der Tag gehört dem Irrtum und dem Fehler, die Zeitreihe dem Erfolg und dem Gelingen.

Wer vorsieht, ist Herr des Tags.

Ich verwünsche das Tägliche, weil es immer absurd ist. Nur was wir durch mögliche Anstrengung ihm überge= winnen, läßt sich wohl einmal summieren.

Das ganze Leben besteht aus Wollen und Nicht=Vollbringen, Vollbringen und Nicht=Wollen.

Das Leben vieler Menschen besteht aus Klatschigkeiten, Tägigkeiten, Intrige zu momentaner Wirkung.

Indes wir, dem Ungeheuren unterworfen, kaum auf- und umschauen, was zu tun sei und wohin wir unser Bestes von Kräften, Tätigkeiten hinwenden sollen, und des höchsten Enthusiasmus bedürftig sind, der nur nachhalten kann, wenn er nicht empirisch ist, nagen zwar keine Lind=, aber Lump=Würme an unsern Täglichkeiten.

Wenn die Affen es dahin bringen könnten, Langeweile zu haben, so könnten sie Menschen werden.

Dem Klugen kommt das Leben leicht vor, wenn dem Toren schwer, und oft dem Klugen schwer, dem Toren leicht.

Es ist besser, eine Torheit pure geschehen zu lassen, als ihr mit einiger Vernunft nachhelfen zu wollen. Die Vernunft verliert ihre Kraft, indem sie sich mit der Torheit vermischt, und die Torheit ihr Naturell, das ihr oft forthilft.

Mit Gedanken, die nicht aus der tätigen Natur entsprungen sind und nicht wieder aufs tätige Leben wohltätig hinwirken und so in einem mit dem jedesmaligen Lebens= zustand übereinstimmenden mannigfaltigen Wechsel unaufhörlich entstehen und sich auflösen, ist der Welt wenig geholfen.

In Rücksicht aufs Praktische ist der unerbittliche Verstand Vernunft, weil der Vernunft Höchstes ist, vis-à-vis des Verstands nämlich, den Verstand unerbittlich zu machen.

Falsche Tendenzen sind eine Art realer Sehnsucht, immer
noch vorteilhafter als die falsche Tendenz, die sich als ideelle
Sehnsucht ausdrückt.

Alle praktische Menschen suchen sich die Welt handrecht
zu machen; alle Denker wollen sie kopfrecht haben. Wie=
weit es jedem gelingt, mögen sie zusehen.

Die Realen
Was nicht geleistet wird, wird nicht verlangt.

Die Idealen
Was verlangt wird, ist nicht gleich zu leisten.

Das Wunderlichste im Leben ist das Vertrauen, daß andre
uns führen werden. Haben wir's nicht, so tappen und
tolpen wir unsern eignen Weg hin; haben wir's, so sind
wir auch, eh' wir's uns versehen, auf das schlechteste ge=
führt.

Die ungeheuerste Kultur, die der Mensch sich geben
kann, ist die Überzeugung, daß die andern nicht nach ihm
fragen.

Wer hätte mit mir Geduld haben sollen, wenn ich's nicht
gehabt hätte?

Die Menschen glauben, daß man sich mit ihnen abgeben
müsse, da man sich mit sich selbst nicht abgibt.

Ein gebranntes Kind scheut das Feuer, ein oft versengter
Greis scheut, sich zu wärmen.

Wieviel vermag nicht die Übung! Die Zuschauer schreien, und der Geschlagne schweigt.

Welcher Gewinn wäre es fürs Leben, wenn man dies früher gewahr würde, zeitig erführe, daß man mit seiner Schönen nie besser steht, als wenn man seinen Rivalen lobt. Alsdann geht ihr das Herz auf, jede Sorge, euch zu verletzen, die Furcht, euch zu verlieren, ist verschwunden; sie macht euch zum Vertrauten, und ihr überzeugt euch mit Freuden, daß ihr es seid, dem die Frucht des Baumes gehört, wenn ihr guten Humor genug habt, anderen die abfallenden Blätter zu überlassen.

Wenn mir eine Sache mißfällt, so lass' ich sie liegen oder mache sie besser.

Wer in sich recht ernstlich hinabsteigt, wird sich immer nur als Hälfte finden; er fasse nachher ein Mädchen oder eine Welt, um sich zum Ganzen zu konstituieren, das ist einerlei.

Weiß denn der Sperling, wie dem Storch zumute sei?

Der Tiger, der dem Hirsch begreiflich machen will, wie köstlich es ist, Blut zu schlürfen.

Gesunde Menschen sind die, in deren Leibes- und Geistesorganisation jeder Teil eine vita propria hat.

Daß man gerade nur denkt, wenn man das, worüber man denkt, nicht ausdenken kann!

Wenn weise Männer nicht irrten, müßten die Narren verzweifeln.

Manche sind auf das, was sie wissen, stolz, gegen das, was sie nicht wissen, hoffärtig.

Wer sich in ein Wissen einlassen soll, muß betrogen werden oder sich selbst betrügen, wenn äußere Nötigungen ihn nicht unwiderstehlich bestimmen. Wer würde ein Arzt werden, wenn er alle Unbilden auf einmal vor sich sähe, die seiner warten?

Es ist mit der Geschichte wie mit der Natur, wie mit allem Profunden, es sei vergangen, gegenwärtig oder zukünftig: je tiefer man ernstlich eindringt, desto schwierigere Probleme tun sich hervor. Wer sie nicht fürchtet, sondern kühn darauf losgeht, fühlt sich, indem er weiter gedeiht, höher gebildet und behaglicher.

Eingebildete Gleichheit: das erste Mittel, die Ungleichheit zu zeigen.

Jede Revolution geht auf Naturzustand hinaus, Gesetz= und Schamlosigkeit. (Picarden, Wiedertäufer, Sansculotten.)

Sobald die Tyrannei aufgehoben ist, geht der Konflikt zwischen Aristokratie und Demokratie unmittelbar an.

Die Menschen sind als Organe ihres Jahrhunderts anzusehen, die sich meist unbewußt bewegen.

Fehler der sogenannten Aufklärung: daß sie Menschen Vielseitigkeit gibt, deren einseitige Lage man nicht ändern kann.

Vor der Revolution war alles Bestreben; nachher verwandelte sich alles in Forderung.

In einigen Staaten ist infolge der erlebten heftigen Be=
wegungen fast in allen Richtungen eine gewisse Übertreibung
im Unterrichtswesen eingetreten, dessen Schädlichkeit in der
Folge allgemeiner eingesehen, aber jetzt schon von tüchtigen
redlichen Vorstehern solcher Anstalten vollkommen anerkannt
ist. Treffliche Männer leben in einer Art von Verzweiflung,
daß sie dasjenige, was sie amts= und vorschriftsgemäß lehren
und überliefern müssen, für unnütz und schädlich halten.

Es ist nichts trauriger anzusehen als das unvermittelte
Streben ins Unbedingte in dieser durchaus bedingten Welt;
es erscheint im Jahre 1830 vielleicht ungehöriger als je.

Einen gerüsteten, auf die Defensive berechneten Zustand kann
kein Staat aushalten.

Ob eine Nation reif werden könne, ist eine wunderliche
Frage. Ich beantworte sie mit Ja, wenn alle Männer
als dreißigjährig geboren werden könnten; da aber die Jugend
vorlaut, das Alter aber kleinlaut ewig sein wird, so ist der
eigentlich reife Mann immer zwischen beiden geklemmt und
wird sich auf eine wunderliche Weise behelfen und durch=
helfen müssen.

Das große Recht, nicht etwa nur in seinen Privatangelegen=
heiten — denn das weiß ein jeder — sondern auch in
öffentlichen verständig, ja vernünftig zu sein.

Majestät ist das Vermögen, ohne Rücksicht auf Belohnung
oder Bestrafung recht oder unrecht zu handeln.

Herrschen und genießen geht nicht zusammen. Genießen
heißt, sich und andern in Fröhlichkeit angehören; herrschen

heißt, sich und anderen im ernstlichsten Sinne wohltätig
sein.

Herrschen lernt sich leicht, regieren schwer.

Wer klare Begriffe hat, kann befehlen.

Was von seiten der Monarchen in den Zeitungen ge=
druckt wird, nimmt sich nicht gut aus; denn die Macht soll
handeln und nicht reden. Was die Liberalen vorbringen,
läßt sich immer lesen; denn der Übermächtigte, weil er
nicht handeln kann, mag sich wenigstens redend äußern.
„Laßt sie singen, wenn sie nur bezahlen!“ sagte Mazarin,
als man ihm die Spottlieder auf eine neue Steuer vor=
legte.

Wenn man einige Monate die Zeitungen nicht gelesen hat
und man liest sie alsdann zusammen, so zeigt sich erst, wie=
viel Zeit man mit diesen Papieren verdirbt. Die Welt war
immer in Parteien geteilt, besonders ist sie es jetzt, und
während jedes zweifelhaften Zustandes kirrt der Zeitungs=
schreiber eine oder die andere Partei mehr oder weniger
und nährt die innere Neigung und Abneigung von Tag zu
Tag, bis zuletzt Entscheidung eintritt und das Geschehene
wie eine Gottheit angestaunt wird.

Nach Preßfreiheit schreit niemand, als wer sie mißbrauchen
will.

Die Deutschen der neueren Zeit haben nichts anders für
Denk= und Preßfreiheit gehalten, als daß sie sich einander
öffentlich mißachten dürfen.

Die Deutschen der alten Zeit freute nichts, als daß keiner
dem andern gehorchen durfte.

Gerechtigkeit: Eigenschaft und Phantom der Deutschen.

Der echte Deutsche bezeichnet sich durch mannigfaltige Bil=
dung und Einheit des Charakters.

Die Engländer werden uns beschämen durch reinen Menschen=
verstand und guten Willen, die Franzosen durch geistreiche
Umsicht und praktische Ausführung.

Der Deutsche soll alle Sprachen lernen, damit ihm zu
Hause kein Fremder unbequem, er aber in der Fremde über=
all zu Hause sei.

Die Gewalt einer Sprache ist nicht, daß sie das Fremde
abweist, sondern daß sie es verschlingt.

Ich verfluche allen negativen Purismus, daß man ein Wort
nicht brauchen soll, in welchem eine andre Sprache vieles
oder zarteres gefaßt hat.

Meine Sache ist der affirmative Purismus, der produktiv
ist und nur davon ausgeht: Wo müssen wir umschreiben,
und der Nachbar hat ein entscheidendes Wort?

Der pedantische Purismus ist ein absurdes Ablehnen weiterer
Ausbreitung des Sinnes und Geistes. (Z. B. das englische
Wort grief.)

Kein Wort steht still, sondern es rückt immer durch den
Gebrauch von seinem anfänglichen Platz, eher hinab als

hinauf, eher ins Schlechtere als ins Bessere, ins Engere als Weitere, und an der Wandelbarkeit des Worts läßt sich die Wandelbarkeit der Begriffe erkennen.

Philologen: Apollo Sauroktonos, immer mit dem spitzen Griffelchen in der Hand aufpassend, eine Eidechse zu spießen.

Was man Mode heißt, ist augenblickliche Überlieferung. Alle Überlieferung führt eine gewisse Notwendigkeit mit sich, sich ihr gleichzustellen.

Wenn man älter wird, muß man mit Bewußtsein auf einer gewissen Stufe stehen bleiben.

Es ziemt sich dem Bejahrten weder in der Denkweise noch in der Art sich zu kleiden der Mode nachzugehen.

Aber man muß wissen, wo man steht und wohin die andern wollen.

Es ist mit den Jahren wie mit den Sibyllinischen Büchern: je mehr man ihrer verbrennt, desto teurer werden sie.

Wenn die Jugend ein Fehler ist, so legt man ihn sehr bald ab.

Die jungen Leute sind neue Aperçus der Natur.

In der Jugend bald die Vorzüge des Alters gewahr zu werden, im Alter die Vorzüge der Jugend zu erhalten, beides ist nur ein Glück.

Es betrügt sich kein Mensch, der in seiner Jugend noch soviel erwartet. Aber wie er damals die Ahndung in seinem

Herzen empfand, so muß er auch die Erfüllung in seinem
Herzen suchen, nicht außer sich.

Daß der Mensch zuletzt Epitomator von sich selbst wird!
Und dahin zu gelangen ist schon Glück genug.

Eltern und Kindern bleibt nichts übrig, als entweder vor-
oder hintereinander zu sterben, und man weiß am Ende
nicht, was man vorziehen sollte.

Wenn ich an meinen Tod denke, darf ich, kann ich nicht
denken, welche Organisation zerstört wird.

In jeder großen Trennung liegt ein Keim von Wahnsinn;
man muß sich hüten, ihn nachdenklich auszubrüten und zu
pflegen.

Höchst merkwürdig ist, daß von dem menschlichen Wesen
das Entgegengesetzte übrig bleibt: Gehäus' und Gerüst, wor-
in und womit sich der Geist hienieden genügte, sodann
aber die idealen Wirkungen, die in Wort und Tat von ihm
ausgingen.

Ein ausgesprochenes Wort fordert sich selbst wieder.

Mystik: eine unreife Poesie, eine unreife Philosophie;
Poesie: eine reife Natur;
Philosophie: eine reife Vernunft.

Poesie deutet auf die Geheimnisse der Natur und sucht sie
durchs Bild zu lösen; Philosophie deutet auf die Geheimnisse der Vernunft und sucht sie durchs Wort zu lösen;

Mystik deutet auf die Geheimnisse der Natur und Vernunft und sucht sie durch Wort und Bild zu lösen.

Bildliche Vorstellung: Reich der Poesie; hypothetische Erklärung: Reich der Philosophie.

Das Wahre (Allgemeine), das wir erkennen und festhalten; das Leidenschaftliche (Besondere), das uns hindert und festhält; das Dritte, Rednerische, schwankend zwischen Wahrheit und Leidenschaft.

Die Laune ist ein Bewußtloses und beruht auf der Sinnlichkeit. Es ist der Widerspruch der Sinnlichkeit mit sich selbst.

Der Humor entsteht, wenn die Vernunft nicht im Gleichgewicht mit den Dingen ist, sondern entweder sie zu beherrschen strebt und nicht damit zustande kommen kann: welches der ärgerliche oder üble Humor ist; oder sich ihnen gewissermaßen unterwirft und mit sich spielen läßt, salvo honore: welches der heitre Humor oder der gute ist. Sie läßt sich gut symbolisieren durch einen Vater, der sich herabläßt, mit seinen Kindern zu spielen, und mehr Spaß einnimmt als ausgibt. In diesem Falle spielt die Vernunft den Goffo, im ersten Falle den Moroso.

Das Genie übt eine Art Ubiquität aus, ins Allgemeine vor, ins Besondere nach der Erfahrung.

Das Glück des Genies: wenn es zu Zeiten des Ernstes geboren wird.

Große Talente sind das schönste Versöhnungsmittel.

Das Genie mit Großsinn sucht seinem Jahrhundert vor-
zueilen; das Talent aus Eigensinn möchte es oft zurück-
halten.

Der Scharfsinn verläßt geistreiche Männer am wenigsten,
wenn sie unrecht haben.

Das fürchterlichste ist, wenn platte unfähige Menschen zu
Phantasten sich gesellen.

Man kann sich nicht verleugnen, daß die deutsche Welt,
mit vielen, guten, trefflichen Geistern geschmückt, immer
uneiniger, unzusammenhängender in Kunst und Wissenschaft, sich auf historischem, theoretischem und praktischem
Wege immer mehr verirrt und verwirrt.

Sähe man Kunst und Wissenschaft nicht als ein Ewiges,
in sich selbst Lebendig-Fertiges verehrend an, das im Zeit-
verlaufe nur Vorzüge und Mängel durcheinander mischt,
so würde man selbst irre werden und sich betrüben, daß
Reichtum in eine solche Verlegenheit setzen kann.

Was ist das für eine Zeit, wo man die Begrabenen be-
neiden muß?

Was nicht originell ist, daran ist nichts gelegen, und was
originell ist, trägt immer die Gebrechen des Individuums
an sich.

Wer's nicht besser machen kann, macht's wenigstens anders;
Zuhörer und Leser, in herkömmlicher Gleichgültigkeit, lassen
dergleichen am liebsten gelten.

Man spricht soviel von Geschmack: der Geschmack besteht
in Euphemismen. Diese sind Schonungen des Ohrs mit
Aufregung des Sinnes.

Das Publikum will wie Frauenzimmer behandelt sein: man
soll ihnen durchaus nichts sagen, als was sie hören möchten.

Das Publikum beklagt sich lieber unaufhörlich, übel be=
dient worden zu sein, als daß es sich bemühte, besser be=
dient zu werden.

Es gibt empirische Enthusiasten, die, obgleich mit Recht, an
neuen guten Produkten, aber mit einer Ekstase sich erweisen,
als wenn sonst in der Welt nichts Vorzügliches zu sehen
gewesen wäre.

Ein großes Unheil entspringt aus den falschen Begriffen
der Menge, weil der Wert vorhandener Werke gleich ver=
kannt wird, wenn sie nicht im kurrenten Vorurteil mit ein=
begriffen sind.

Innerhalb einer Epoche gibt es keinen Standpunkt, eine
Epoche zu betrachten.

Keine Nation hat ein Urteil als über das, was bei ihr ge=
tan und geschrieben ist. Man könnte dies auch von jeder
Zeit sagen.

Wahre, in alle Zeiten und Nationen eingreifende Urteile
sind sehr selten.

Keine Nation hat eine Kritik als in der Maße, wie sie vor=
zügliche, tüchtige und vortreffliche Werke besitzt.

Die Kritik erscheint wie Ate: sie verfolgt die Autoren, aber hinkend.

Das Wahre, Gute und Vortreffliche ist einfach und sich immer gleich, wie es auch erscheine. Das Irren aber, das den Tadel hervorruft, ist höchst mannigfaltig, in sich selbst verschieden und nicht allein gegen das Gute und Wahre, sondern auch gegen sich selbst kämpfend, mit sich selbst in Widerspruch. Daher müssen in jeder Literatur die Ausdrücke des Tadels die Worte des Lobes überwiegen.

Bei den Griechen, deren Poesie und Rhetorik einfach und positiv war, erscheint die Billigung öfter als die Mißbilligung; bei den Lateinern hingegen ist es umgekehrt, und je mehr sich Poesie und Redekunst verdirbt, desto mehr wird der Tadel wachsen und das Lob sich zusammenziehen.

Die Literatur verdirbt sich nur in dem Maße, als die Menschen verdorbener werden.

Klassisch ist das Gesunde, romantisch das Kranke.

Ovid blieb klassisch auch im Exil: er sucht sein Unglück nicht in sich, sondern in seiner Entfernung von der Hauptstadt der Welt.

Das Romantische ist schon in seinen Abgrund verlaufen; das Gräßlichste der neueren Produktionen ist kaum noch gesunkener zu denken.

Sakuntala: hier erscheint der Dichter in seiner höchsten Funktion. Als Repräsentant des natürlichsten Zustandes, der feinsten Lebensweise, des reinsten sittlichen Bestrebens, der würdigsten Majestät und der ernstesten Gottesverehrung wagt er sich in gemeine und lächerliche Gegensätze.

Jemand sagte: „Was bemüht ihr euch um den Homer? Ihr versteht ihn doch nicht." Darauf antwortet' ich: Versteh' ich doch auch Sonne, Mond und Sterne nicht; aber sie gehen über meinem Haupt hin, und ich erkenne mich in ihnen, indem ich sie sehe und ihren regelmäßigen wunderbaren Gang betrachte, und denke dabei, ob auch wohl etwas aus mir werden könnte.

Daß die bildende Kunst in der „Ilias" auf einer so hohen Stufe erscheint, möchte wohl ein Argument für die Modernität des Gedichtes abgeben.

Die Modernen sollen nur Lateinisch schreiben, wenn sie aus nichts etwas zu machen haben. Umgekehrt machen sie ihr weniges Etwas immer zu nichts.

Die lateinische Sprache hat eine Art von Imperativus der Autorschaft.

Zu den glücklichen Umständen, welche Shakespeares gebornes großes Talent frei und rein entwickelten, gehört auch, daß er Protestant war; er hätte sonst wie Kalidasa und Calderon Absurditäten verherrlichen müssen.

Heinrich der Vierte von Shakespeare: wenn alles verloren wäre, was je, dieser Art geschrieben, zu uns gekommen, so könnte man Poesie und Rhetorik daraus vollkommen wiederherstellen.

Um die alten abgeschmacktesten locos communes der Menschheit durchzupeitschen, hat Klopstock Himmel und Hölle,

Sonne, Mond und Sterne, Zeit und Ewigkeit, Gott und
Teufel aufgeboten.

Schmidt von Werneuchen ist der wahre Charakter der Na=
türlichkeit. Jedermann hat sich über ihn lustig gemacht
und das mit Recht; und doch hätte man sich über ihn
nicht lustig machen können, wenn er nicht als Poet wirk=
liches Verdienst hätte, das wir an ihm zu ehren haben.

Eulenspiegel: alle Hauptspäße des Buchs beruhen darauf,
daß alle Menschen figürlich sprechen und Eulenspiegel es
eigentlich nimmt.

Märchen: das uns unmögliche Begebenheiten unter mög=
lichen oder unmöglichen Bedingungen als möglich darstellt.
Roman: der uns mögliche Begebenheiten unter unmöglichen
oder beinahe unmöglichen Bedingungen als wirklich darstellt.

Der Romanheld assimiliert sich alles; der Theaterheld muß
nichts Ähnliches in allem dem finden, was ihn umgibt.

Der mittelmäßigste Roman ist immer noch besser als die
mittelmäßigen Leser, ja der schlechteste partizipiert etwas
von der Vortrefflichkeit des ganzen Genres.

Einen wundersamen Anblick geben des Aristoteles Frag=
mente des Traktats über Dichtkunst. Wenn man das
Theater in= und auswendig kennt wie unsereiner, der einen
bedeutenden Teil des Lebens auf diese Kunst verwendet
und selbst viel darin gearbeitet hat, so sieht man erst, daß
man sich vor allen Dingen mit der philosophischen Denk=
art des Mannes bekannt machen müßte, um zu begreifen,

wie er diese Kunsterscheinung angesehen habe; außerdem
verwirrt unser Studium nur, wie denn die moderne Poetik
das Alleräußerlichste seiner Lehre nur zu ihrem Verderben
anwendet und angewendet hat.

Des tragischen Dichters Aufgabe und Tun ist nichts anders,
als ein psychisch-sittliches Phänomen, in einem faßlichen
Experiment dargestellt, in der Vergangenheit nachzuweisen.

Was man Motive nennt, sind also eigentlich Phänomene
des Menschengeistes, die sich wiederholt haben und wiederholen werden, und die der Dichter nur als historische nach-
weist.

Ein dramatisches Werk zu verfassen, dazu gehört Genie.
Am Ende soll die Empfindung, in der Mitte die Vernunft,
am Anfang der Verstand vorwalten und alles gleichmäßig durch eine lebhaft-klare Einbildungskraft vorgetragen
werden.

Es ist nichts theatralisch, was nicht für die Augen symbolisch wäre.

Schauspieler gewinnen die Herzen und geben die ihrigen
nicht hin; sie hintergehen aber mit Anmut.

Die gewöhnlichen Theaterkritiken sind unbarmherzige Sün-
denregister, die ein böser Geist vorwurfsweise den armen
Schächern vorhält ohne hilfreiche Hand zu einem bessern
Wege.

Zu berichtigen verstehen die Deutschen, nicht nachzuhelfen.

Eine Romanze ist kein Prozeß, wo ein Definitiv-Urteil sein muß.

Beim Übersetzen muß man bis ans Unübersetzliche herangehen; alsdann wird man aber erst die fremde Nation und die fremde Sprache gewahr.

Es ist ein großer Unterschied, ob ich lese zu Genuß und Belebung oder zu Erkenntnis und Belehrung.

Es gibt Bücher, durch welche man alles erfährt und doch zuletzt von der Sache nichts begreift.

Wenn einem Autor ein Lexikon nachkommen kann, so taugt er nichts.

Ich denke immer, wenn ich einen Druckfehler sehe, es sei etwas Neues erfunden.

Aus dem Nachlaß

Über Kunst und Kunstgeschichte

Wer gegenwärtig über Kunst schreiben oder gar streiten will, der sollte einige Ahndung haben von dem, was die Philosophie in unsern Tagen geleistet hat und zu leisten fortfährt.

Wer einem Autor Dunkelheit vorwerfen will, sollte erst sein eigen Inneres beschauen, ob es denn da auch recht hell ist: in der Dämmerung wird eine sehr deutliche Schrift unlesbar.

Wer streiten will, muß sich hüten, bei dieser Gelegenheit Sachen zu sagen, die ihm niemand streitig macht.

Wer Maximen bestreiten will, sollte fähig sein, sie recht klar aufzustellen und innerhalb dieser Klarheit zu kämpfen, damit er nicht in den Fall gerate, mit selbstgeschaffenen Luftbildern zu fechten.

Die Dunkelheit gewisser Maximen ist nur relativ: nicht alles ist dem Hörenden deutlich zu machen, was dem Ausübenden einleuchtet.

Ein Künstler, der schätzbare Arbeiten verfertigt, ist nicht immer imstande, von eignen oder fremden Werken Rechenschaft zu geben.

Natur und Idee läßt sich nicht trennen, ohne daß die Kunst sowie das Leben zerstört werde.

Wenn Künstler von Natur sprechen, subintelligieren sie immer die Idee, ohne sich's deutlich bewußt zu sein.

Ebenso geht's allen, die ausschließlich die Erfahrung anpreisen; sie bedenken nicht, daß die Erfahrung nur die Hälfte der Erfahrung ist.

Erst hört man von Natur und Nachahmung derselben; dann soll es eine schöne Natur geben. Man soll wählen. Doch wohl das Beste! Und woran soll man's erkennen? Nach welcher Norm soll man wählen? Und wo ist denn die Norm? Doch wohl nicht auch in der Natur?

Und gesetzt, der Gegenstand wäre gegeben, der schönste Baum im Walde, der in seiner Art als vollkommen auch vom Förster anerkannt würde. Nun, um den Baum in ein Bild zu verwandeln, gehe ich um ihn herum und suche mir die schönste Seite. Ich trete weit genug weg, um ihn völlig zu übersehen, ich warte ein günstiges Licht ab, und nun soll von dem Naturbaum noch viel auf das Papier übergegangen sein!

Der Laie mag das glauben; der Künstler, hinter den Kulissen seines Handwerks, sollte aufgeklärter sein.

Gerade das, was ungebildeten Menschen am Kunstwerk als Natur auffällt, das ist nicht Natur (von außen), sondern der Mensch (Natur von innen).

Wir wissen von keiner Welt als im Bezug auf den Menschen; wir wollen keine Kunst, als die ein Abdruck dieses Bezugs ist.

Wer zuerst im Bilde auf seinen Horizont die Zielpunkte des mannigfaltigen Spiels wagerechter Linien bannte, erfand das Prinzip der Perspektive.

Suchet in euch, so werdet ihr alles finden, und erfreuet euch, wenn da draußen, wie ihr es immer heißen möget, eine Natur liegt, die Ja und Amen zu allem sagt, was ihr in euch gefunden habt!

Gar vieles kann lange erfunden, entdeckt sein, und es wirkt nicht auf die Welt; es kann wirken und doch nicht bemerkt werden, wirken und nicht ins Allgemeine greifen. Deswegen jede Geschichte der Erfindung sich mit den wunderbarsten Rätseln herumschlägt.

Es ist so schwer, etwas von Mustern zu lernen, als von der Natur.

Die Form will so gut verdaut sein als der Stoff; ja sie verdaut sich viel schwerer.

Mancher hat nach der Antike studiert und sich ihr Wesen nicht ganz zugeeignet: ist er darum scheltenswert?

Die höheren Forderungen sind an sich schon schätzbarer, auch unerfüllt, als niedrige, ganz erfüllte.

Das Trocken=Naive, das Steif=Wackere, das Ängstlich= Rechtliche, und womit man ältere deutsche Kunst charakterisieren mag, gehört zu jeder früheren einfacheren Kunstweise. Die alten Venezianer, Florentiner und so weiter haben das alles auch.

138

Und wir Deutsche sollen uns dann nur für original halten, wenn wir uns nicht über die Anfänge erheben?

Weil Albrecht Dürer bei dem unvergleichlichen Talent sich nie zur Idee des Ebenmaßes der Schönheit, ja sogar nie zum Gedanken einer schicklichen Zweckmäßigkeit erheben konnte, sollen wir auch immer an der Erde kleben?

Albrecht Dürern förderte ein höchst innigstes realistisches Anschauen, ein liebenswürdiges menschliches Mitgefühl aller gegenwärtigen Zustände; ihm schadete eine trübe, form- und bodenlose Phantasie.

Wie Martin Schön neben ihm steht, und wie das deutsche Verdienst sich dort beschränkt, wäre interessant zu zeigen, und nützlich zu zeigen, daß dort nicht aller Tage Abend war.

Löste sich doch in jeder italienischen Schule der Schmetterling aus der Puppe los!

Sollen wir ewig als Raupen herumkriechen, weil einige nordische Künstler ihre Rechnung dabei finden?

Nachdem uns Klopstock vom Reim erlöste und Voß uns prosodische Muster gab, so sollen wir wohl wieder Knittelverse machen wie Hans Sachs?

Laßt uns doch vielseitig sein! Märkische Rübchen schmecken gut, am besten gemischt mit Kastanien, und diese beiden edlen Früchte wachsen weit auseinander.

Erlaubt uns in unsern vermischten Schriften doch neben den abend- und nordländischen Formen auch die morgen- und südländischen!

Man ist nur vielseitig, wenn man zum Höchsten strebt,
weil man muß (im Ernst), und zum Geringern herabsteigt,
wenn man will (zum Spaß).

Laßt doch den deutschen Dichtern den frommen Wunsch,
auch als Homeriden zu gelten! Deutsche Bildhauer, es wird
euch nicht schaden, zum Ruhm der letzten Praxiteliden zu
streben!

Was hat ein Maler zu studieren, bis er eine Pfirsiche sehen
kann wie Huysum, und wir sollen nicht versuchen, ob es
möglich sei, den Menschen zu sehen, wie ihn ein Grieche
gesehen hat?

Wer Proportion (das Meßbare) von der Antike nehmen
muß, sollte uns nicht gehässig sein, weil wir das Unmeß=
bare von der Antike nehmen wollen.

Es ist schon genug, daß Kunstliebhaber das Vollkommene
übereinstimmend anerkennen und schätzen; über das Mittlere
läßt sich der Streit nicht endigen.

Alles Prägnante, was allein an einem Kunstwerke vortreff=
lich ist, wird nicht anerkannt, alles Fruchtbare und Fördernde
wird beseitigt, eine tiefumfassende Synthesis begreift nicht
leicht jemand.

Ihr wählt euch ein Muster und damit vermischt ihr eure
Individualität: das ist alle eure Kunst. Da ist an keine
Grundsätze, an keine Schule, an keine Folge zu denken, alles
willkürlich und wie es einem jeden einfällt. Daß man sich
von Gesetzen losmacht, die bloß durch Tradition geheiligt
sind, dagegen ist nichts zu sagen; aber daß man nicht denkt,

es müssen doch Gesetze sein, die aus der Natur jeder Kunst entspringen, daran denkt niemand.

Jedes gute und schlechte Kunstwerk, sobald es entstanden ist, gehört zur Natur. Die Antike gehört zur Natur und zwar, wenn sie anspricht, zur natürlichsten Natur, und diese edle Natur sollen wir nicht studieren, aber die gemeine!

Denn das Gemeine ist's eigentlich, was den Herren Natur heißt! Aus sich schöpfen mag wohl heißen, mit dem eben fertig werden, was uns bequem wird!

Kunst: eine andere Natur, auch geheimnisvoll, aber verständlicher; denn sie entspringt aus dem Verstande.

Die Natur wirkt nach Gesetzen, die sie sich in Eintracht mit dem Schöpfer vorschrieb, die Kunst nach Regeln, über die sie sich mit dem Genie einverstanden hat.

Die Kunst ruht auf einer Art religiösem Sinn, auf einem tiefen unerschütterlichen Ernst; deswegen sie sich auch so gern mit der Religion vereinigt. Die Religion bedarf keines Kunstsinnes, sie ruht auf ihrem eignen Ernst; sie verleiht aber auch keinen, so wenig sie Geschmack gibt.

Realität in der höchsten Nützlichkeit (Zweckmäßigkeit) wird auch schön sein.

Vollkommenheit ist schon da, wenn das Notwendige geleistet wird, Schönheit, wenn das Notwendige geleistet, doch verborgen ist.

Vollkommenheit kann mit Disproportion bestehen, Schönheit allein mit Proportion.

Werke der Kunst werden zerstört, sobald der Kunstsinn ver=
schwindet.

Die Allegorie verwandelt die Erscheinung in einen Begriff,
den Begriff in ein Bild, doch so, daß der Begriff im Bilde
immer noch begrenzt und vollständig zu halten und zu haben
und an demselben auszusprechen sei.

Die Symbolik verwandelt die Erscheinung in Idee, die Idee
in ein Bild, und so, daß die Idee im Bild immer unend=
lich wirksam und unerreichbar bleibt und, selbst in allen
Sprachen ausgesprochen, doch unaussprechlich bliebe.

In Rembrandts trefflicher Radierung, der Austreibung der
Käufer und Verkäufer aus den Tempelhallen, ist die Glorie,
welche gewöhnlich des Herrn Haupt umgibt, in die vor=
wärts wirkende Hand gleichsam gefahren, welche nun in
göttlicher Tat, glanzumgeben, derb zuschlägt. Um das Haupt
ist's, wie auch das Gesicht, dunkel.

Jeder große Künstler reißt uns weg, steckt uns an. Alles,
was in uns von eben der Fähigkeit ist, wird rege, und da
wir eine Vorstellung vom Großen und einige Anlage dazu
haben, so bilden wir uns gar leicht ein, der Keim davon
stecke in uns.

Gemüt hat jedermann, Naturell manche, Kunstbegriffe sind
selten.

In allen Künsten gibt es einen gewissen Grad, den man
mit den natürlichen Anlagen, sozusagen allein erreichen
kann. Zugleich aber ist es unmöglich, denselben zu über=
schreiten, wenn nicht die Kunst zu Hilfe kommt.

Man sagt wohl zum Lobe des Künstlers: er hat alles aus sich selbst. Wenn ich das nur nicht wieder hören müßte! Genau besehen, sind die Produktionen eines solchen Originalgenies meistens Reminiszenzen; wer Erfahrung hat, wird sie meist einzeln nachweisen können.

Das sogenannte Aus-Sich-Schöpfen macht gewöhnlich falsche Originale und Manieristen.

Warum schelten wir das Manierierte so sehr, als weil wir glauben, das Umkehren daher auf den rechten Weg sei unmöglich?

Die Kunst soll das Penible nicht vorstellen.

Was die letzte Hand tun kann, muß die erste schon entschieden aussprechen. Hier muß schon bestimmt sein, was getan werden soll.

Aus vielen Skizzen endlich ein Ganzes hervorzubringen, gelingt selbst den Besten nicht immer.

Selbst das mäßige Talent hat immer Geist in Gegenwart der Natur; deswegen einigermaßen sorgfältige Zeichnungen der Art immer Freude machen.

Ursache des Dilettantismus: Flucht vor der Manier, Unkenntnis der Methode, törichtes Unternehmen, gerade immer das Unmögliche leisten zu wollen, welches die höchste Kunst erforderte, wenn man sich ihm je nähern könnte.

Fehler der Dilettanten: Phantasie und Technik unmittelbar verbinden zu wollen.

Es ist eine Tradition, Dädalus, der erste Plastiker, habe die Erfindung der Drehscheibe des Töpfers beneidet. Von Neid möchte wohl nichts vorgekommen sein; aber der große Mann hat wahrscheinlich vorempfunden, daß die Technik zuletzt in der Kunst verderblich werden müsse.

Die Technik im Bündnis mit dem Abgeschmackten ist die fürchterlichste Feindin der Kunst.

Chodowiecki ist ein sehr respektabler und wir sagen idealer Künstler. Seine guten Werke zeugen durchaus von Geist und Geschmack. Mehr Ideales war in dem Kreise, in dem er arbeitete, nicht zu fordern.

Das schrecklichste für den Schüler ist, daß er sich am Ende doch gegen den Meister wiederherstellen muß. Je kräftiger das ist, was dieser gibt, in desto größerem Unmut, ja Verzweiflung ist der Empfangende.

Ein edler Philosoph sprach von der Baukunst als einer erstarrten Musik und mußte dagegen manches Kopfschütteln gewahr werden. Wir glauben diesen schönen Gedanken nicht besser nochmals einzuführen, als wenn wir die Architektur eine verstummte Tonkunst nennen.
Man denke sich den Orpheus, der, als ihm ein großer wüster Bauplatz angewiesen war, sich weislich an dem schicklichsten Ort niedersetzte und durch die belebenden Töne seiner Leier den geräumigen Marktplatz um sich her bildete. Die von kräftig gebietenden, freundlich lockenden Tönen schnell ergriffenen, aus ihrer massenhaften Ganzheit gerissenen Felssteine mußten, indem sie sich enthusiastisch herbeibewegten, sich kunst- und handwerksgemäß gestalten, um sich sodann in rhythmischen

Schichten und Wänden gebührend hinzuordnen. Und so mag sich Straße zu Straßen anfügen! An wohlschützenden Mauern wird's auch nicht fehlen.

Die Töne verhallen, aber die Harmonie bleibt. Die Bürger einer solchen Stadt wandeln und weben zwischen ewigen Melodien; der Geist kann nicht sinken, die Tätigkeit nicht einschlafen, das Auge übernimmt Funktion, Gebühr und Pflicht des Ohres, und die Bürger am gemeinsten Tage fühlen sich in einem ideellen Zustand: ohne Reflexion, ohne nach dem Ursprung zu fragen, werden sie des höchsten sittlichen und religiösen Genusses teilhaftig. Man gewöhne sich, in Sankt Peter auf und ab zu gehen, und man wird ein Analogon desjenigen empfinden, was wir auszusprechen gewagt.

Der Bürger dagegen in einer schlecht gebauten Stadt, wo der Zufall mit leidigem Besen die Häuser zusammenkehrte, lebt unbewußt in der Wüste eines düstern Zustandes; dem fremden Eintretenden jedoch ist es zumute, als wenn er Dudelsack, Pfeifen und Schellentrommeln hörte und sich bereiten müßte, Bärentänzen und Affensprüngen beiwohnen zu müssen.

Antike Tempel konzentrieren den Gott im Menschen; des Mittelalters Kirchen streben nach dem Gott in der Höhe.

Die Sehnsucht, die nach außen, in die Ferne strebt, sich aber melodisch in sich selbst beschränkt, erzeugt den Minor.

Kantilene: die Fülle der Liebe und jedes leidenschaftlichen Glücks verewigend.

Aus dem Nachlaß

Über Natur und Naturwissenschaft

Begriff ist Summe, Idee Resultat der Erfahrung; jene zu
ziehen, wird Verstand, dieses zu erfassen, Vernunft erfordert.

Was man Idee nennt: das, was immer zur Erscheinung
kommt und daher als Gesetz aller Erscheinungen uns ent=
gegentritt.

Nur im Höchsten und im Gemeinsten trifft Idee und Er=
scheinung zusammen; auf allen mittlern Stufen des Be=
trachtens und Erfahrens trennen sie sich. Das Höchste ist
das Anschauen des Verschiednen als identisch; das Gemeinste
ist die Tat, das aktive Verbinden des Getrennten zur Identität.

Was uns so sehr irre macht, wenn wir die Idee in der Er=
scheinung anerkennen sollen, ist, daß sie oft und gewöhnlich
den Sinnen widerspricht. Das kopernikanische System beruht
auf einer Idee, die schwer zu fassen war und noch täglich
unseren Sinnen widerspricht. Wir sagen nur nach, was
wir nicht erkennen noch begreifen. Die Metamorphose der
Pflanzen widerspricht gleichfalls unsren Sinnen.

Das Erhabene, durch Kenntnis nach und nach vereinzelt,
tritt vor unserm Geist nicht leicht wieder zusammen, und so
werden wir stufenweise um das Höchste gebracht, was uns
gegönnt war, um die Einheit, die uns in vollem Maß zur
Mitempfindung des Unendlichen erhebt, dagegen wir bei
vermehrter Kenntnis immer kleiner werden. Da wir vor=
her mit dem Ganzen als Riesen standen, sehen wir uns
als Zwerge gegen die Teile.

Es ist ein angenehmes Geschäft, die Natur zugleich und sich selbst zu erforschen, weder ihr noch seinem Geiste Gewalt anzutun, sondern beide durch gelinden Wechseleinfluß miteinander ins Gleichgewicht zu setzen.

Aus der Natur, nach welcher Seite hin man schaue, entspringt Unendliches.

Sich den Objekten in der Breite gleichstellen heißt lernen; die Objekte in ihrer Tiefe auffassen heißt erfinden.

Was man erfindet, tut man mit Liebe, was man gelernt hat, mit Sicherheit.

Was ist denn das Erfinden? Es ist der Abschluß des Gesuchten.

Was ist der Unterschied zwischen Axiom und Enthymem? Axiom: was wir von Haus aus, ohne Beweis anerkennen; Enthymem: was uns an viele Fälle erinnert und das zusammenknüpft, was wir schon einzeln erkannten.

Die Freude des ersten Gewahrwerdens, des sogenannten Entdeckens kann uns niemand nehmen. Verlangen wir aber auch Ehre davon, die kann uns sehr verkümmert werden; denn wir sind meistens nicht die Ersten.

Was heißt auch erfinden und wer kann sagen, daß er dies oder jenes erfunden habe? Wie es denn überhaupt, auf Priorität zu pochen, wahre Narrheit ist; denn es ist nur bewußtloser Dünkel, wenn man sich nicht redlich als Plagiarier bekennen will.

Mit den Ansichten, wenn sie aus der Welt verschwinden, gehen oft die Gegenstände selbst verloren. Kann man doch im höheren Sinne sagen, daß die Ansicht der Gegenstand sei.

Es ist viel mehr schon entdeckt, als man glaubt. Da die Gegenstände durch die Ansichten der Menschen erst aus dem Nichts hervorgehoben werden, so kehren sie, wenn sich die Ansichten verlieren, auch wieder ins Nichts zurück: Rundung der Erde, Platos Bläue.

Es sind zwei Gefühle die schwersten zu überwinden: gefunden zu haben, was schon gefunden ist, und nicht gefunden zu sehen, was man hätte finden sollen.

Man muß eine Sache gefunden haben, wenn man wissen will, wo sie liegt.

Denken ist interessanter als Wissen, aber nicht als Anschauen.

Das Wissen beruht auf der Kenntnis des zu Unterscheidenden, die Wissenschaft auf der Anerkennung des nicht zu Unterscheidenden.

Das Wissen wird durch das Gewahrwerden seiner Lücken, durch das Gefühl seiner Mängel zur Wissenschaft geführt, welche vor, mit und nach allem Wissen besteht.

Im Wissen und Nachsinnen ist Falsches und Wahres. Wie das sich nun das Ansehn der Wissenschaft gibt, so wird's ein wahr=lügenhaftes Wesen.

Wir würden unser Wissen nicht für Stückwerk erklären, wenn wir nicht einen Begriff von einem Ganzen hätten.

148

Die Wissenschaften so gut als die Künste bestehen in einem überlieferbaren (realen), erlernbaren Teil und in einem unüberlieferbaren (idealen), unlernbaren Teil.

In der Geschichte der Wissenschaften hat der ideale Teil ein ander Verhältnis zum realen als in der übrigen Weltgeschichte.

Geschichte der Wissenschaften: der reale Teil sind die Phänomene, der ideale die Ansichten der Phänomene.

Vier Epochen der Wissenschaften:

kindliche,
poetische, abergläubische,

empirische,
forschende, neugierige,

dogmatische,
didaktische, pedantische,

ideelle,
methodische, mystische.

Im sechzehnten Jahrhundert gehören die Wissenschaften nicht diesem oder jenem Menschen, sondern der Welt. Diese hat sie, besitzt sie pp., der Mensch ergreift nur den Reichtum.

Die Wissenschaften zerstören sich auf doppelte Weise selbst: durch die Breite, in die sie gehen, und durch die Tiefe, in die sie sich versenken.

Alles, was man (in Wissenschaften) fordert, ist so ungeheuer, daß man recht gut begreift, daß gar nichts geleistet wird.

Was die Wissenschaften am meisten retardiert, ist, daß diejenigen, die sich damit beschäftigen, ungleiche Geister sind.

Der Fehler schwacher Geister ist, daß sie im Reflektieren sogleich vom Einzelnen ins Allgemeine gehen, anstatt daß man nur in der Gesamtheit das Allgemeine suchen kann.

In der Geschichte der Naturforschung bemerkt man durchaus, daß die Beobachter von der Erscheinung zu schnell zur Theorie hineilen und dadurch unzulänglich, hypothetisch werden.

Man datiert von Baco von Verulam eine Epoche der Erfahrungs-Naturwissenschaften. Ihr Weg ist jedoch durch theoretische Tendenzen oft durchschnitten und ungangbar gemacht worden. Genau besehen, kann und soll man von jedem Tag eine neue Epoche datieren.

Das Jahrhundert ist vorgerückt; jeder einzelne aber fängt doch von vorne an.

Jeden Tag hat man Ursache, die Erfahrung aufzuklären und den Geist zu reinigen.

Da diejenigen, welche wissenschaftliche Versuche anstellen, selten wissen, was sie eigentlich wollen und was dabei herauskommen soll, so verfolgen sie ihren Weg meistenteils mit großem Eifer; bald aber, da eigentlich nichts Entschiedenes entstehen will, so lassen sie die Unternehmung fahren und suchen sie sogar andern verdächtig zu machen.

Nachdem man in der zweiten Hälfte des siebzehnten Jahrhunderts dem Mikroskop so unendlich viel schuldig geworden war, so suchte man zu Anfang des achtzehnten Jahrhunderts dasselbe geringschätzig zu behandeln.

Nachdem man in der neuern Zeit die meteorologischen Beobachtungen auf den höchsten Grad der Genauigkeit getrieben hatte, so will man sie nunmehr aus den nördlichen Gegenden verbannen und will sie nur dem Beobachter unter den Tropen zugestehen.

Nach unserm Rat bleibe jeder auf dem eingeschlagenen Wege und lasse sich ja nicht durch Autorität imponieren, durch allgemeine Übereinstimmung bedrängen und durch Mode hinreißen.

Autorität: ohne sie kann der Mensch nicht existieren, und doch bringt sie ebensoviel Irrtum als Wahrheit mit sich. Sie verewigt sich im einzelnen, was einzeln vorübergehen sollte, lehnt ab und läßt vorübergehen, was festgehalten werden sollte, und ist hauptsächlich Ursache, daß die Menschheit nicht vom Flecke kommt.

Der gemeine Wissenschäftler hält alles für überlieferbar und fühlt nicht, daß die Niedrigkeit seiner Ansichten ihm sogar das eigentlich Überlieferbare nicht fassen läßt.

Das Unzulängliche widerstrebt mehr, als man denken sollte, dem Auslangenden.

Vor zwei Dingen kann man sich nicht genug in acht nehmen: beschränkt man sich in seinem Fache, vor Starrsinn, tritt man heraus, vor Unzulänglichkeit.

Wenn in Wissenschaften alte Leute retardieren, so retrogradieren junge. Alte leugnen die Fortschritte, wenn sie nicht mit ihren früheren Ideen zusammenhängen; junge, wenn sie der Idee nicht gewachsen sind und doch auch etwas Außerordentliches leisten möchten.

Es ist ihnen wohl Ernst, aber sie wissen nicht, was sie mit dem Ernst machen sollen.

Von dem, was sie verstehen, wollen sie nichts wissen.

Wenn jemand spricht, er habe mich widerlegt, so bedenkt er nicht, daß er nur eine Ansicht der meinigen entgegen aufstellt; dadurch ist ja noch nichts ausgemacht. Ein Dritter hat eben das Recht und so ins Unendliche fort.

Bei wissenschaftlichen Streitigkeiten nehme man sich in acht, die Probleme nicht zu vermehren.

In Wissenschaften, sowie auch sonst, wenn man sich über das Ganze verbreiten will, bleibt zur Vollständigkeit am Ende nichts übrig, als Wahrheit für Irrtum, Irrtum für Wahrheit gelten zu machen. Er kann nicht alles selbst untersuchen, muß sich an Überlieferung halten und, wenn er ein Amt haben will, den Meinungen seiner Gönner frönen. Mögen sich die sämtlichen akademischen Lehrer hiernach prüfen!

Das wäre wohl der werteste Professor der Physik, der die Nichtigkeit seines Kompendiums und seiner Figuren, gegen die Natur und gegen die höheren Forderungen des Geists gehalten, durchaus zur Anschauung bringen könnte.

Nicht alles Wünschenswerte ist erreichbar, nicht alles Erkennenswerte erkennbar.

Derjenige, der sich mit Einsicht für beschränkt erklärt, ist der Vollkommenheit am nächsten.

Die Menschen, da sie zum Notwendigen nicht hinreichen, bemühen sich ums Unnütze.

Das Tier wird durch seine Organe belehrt; der Mensch belehrt die seinigen und beherrscht sie.

Die Alten vergleichen die Hand der Vernunft. Die Vernunft ist die Kunst der Künste, die Hand die Technik alles Handwerks.

Die Sinne trügen nicht, das Urteil trügt.

Der Mensch ist genugsam ausgestattet zu allen wahren irdischen Bedürfnissen, wenn er seinen Sinnen traut und sie dergestalt ausbildet, daß sie des Vertrauens wert bleiben.

Man leugnet dem Gesicht nicht ab, daß es die Entfernung der Gegenstände, die sich neben- und übereinander befinden, zu schätzen wisse; das Hintereinander will man nicht gleichmäßig zugestehen.

Und doch ist dem Menschen, der nicht stationär, sondern beweglich gedacht wird, hierin die sicherste Lehre durch Parallaxe verliehen.

Die Lehre von dem Gebrauch der korrespondierenden Winkel ist, genau besehen, darin eingeschlossen.

Kant beschränkt sich mit Vorsatz in einen gewissen Kreis und deutet ironisch immer darüber hinaus.

Man hat sich lange mit der Kritik der Vernunft beschäftigt; ich wünschte eine Kritik des Menschenverstandes. Es wäre eine wahre Wohltat fürs Menschengeschlecht, wenn man dem Gemeinverstand bis zur Überzeugung nachweisen könnte, wie weit er reichen kann, und das ist gerade soviel, als er zum Erdenleben vollkommen bedarf.

Der Menschenverstand, der eigentlichst aufs Praktische angewiesen ist, irrt nur alsdann, wenn er sich an die Auflösung höherer Probleme wagt; dagegen weiß aber auch eine höhere Theorie sich selten in den Kreis zu finden, wo jener wirkt und west.

Die Dialektik ist die Ausbildung des Widersprechungsgeistes, welcher dem Menschen gegeben, damit er den Unterschied der Dinge erkennen lerne.

Eine tätige Skepsis: welche unablässig bemüht ist, sich selbst zu überwinden, um durch geregelte Erfahrung zu einer Art von bedingter Zuverlässigkeit zu gelangen.

Das Allgemeine eines solchen Geistes ist die Tendenz: zu erforschen, ob irgend einem Objekt irgend ein Prädikat wirklich zukomme, und geschieht diese Untersuchung in der Absicht, das als geprüft Gefundene in praxi mit Sicherheit anwenden zu können.

Der lebendige begabte Geist, sich in praktischer Absicht ans Allernächste haltend, ist das Vorzüglichste auf Erden.

Je weiter man in der Erfahrung fortrückt, desto näher kommt man dem Unerforschlichen; je mehr man die Erfahrung zu nutzen weiß, desto mehr sieht man, daß das Unerforschliche keinen praktischen Nutzen hat.

Das schönste Glück des denkenden Menschen ist, das Erforschliche erforscht zu haben und das Unerforschliche ruhig zu verehren.

Wir leben innerhalb der abgeleiteten Erscheinungen und wissen keineswegs, wie wir zur Urfrage gelangen sollen.

Alles ist einfacher, als man denken kann, zugleich verschränkter, als zu begreifen ist.

Es ist das Eigne zu bemerken, daß der Mensch sich mit dem einfachen Erkennbaren nicht begnügt, sondern auf die verwickelteren Probleme losgeht, die er vielleicht nie erfassen wird. Jenes einfache Faßliche ist durchaus anwendbar und nützlich und kann uns ein ganzes Leben durch beschäftigen, wenn es uns genügt und belebt.

Man erkundige sich ums Phänomen, nehme es so genau damit als möglich und sehe, wie weit man in der Einsicht und in praktischer Anwendung damit kommen kann, und lasse das Problem ruhig liegen. Umgekehrt handeln die Physiker: sie gehen gerade aufs Problem los und verwickeln sich unterwegs in so viel Schwierigkeiten, daß ihnen zuletzt jede Aussicht verschwindet.

Schon jetzt erklären die Meister der Naturwissenschaften die Notwendigkeit monographischer Behandlung und also des

Interesses an Einzelheiten. Dies aber ist nicht denkbar
ohne eine Methode, die das Interesse an der Gesamtheit
offenbart; hat man das erlangt, so braucht man freilich
nicht in Millionen Einzelheiten umherzutasten.

Zur Methode wird nur der getrieben, dem die Empirie
lästig wird.

Cartesius schrieb sein Buch De Methodo einige Male um,
und wie es jetzt liegt, kann es uns doch nichts helfen.
Jeder, der eine Zeitlang auf dem redlichen Forschen ver-
harrt, muß seine Methode irgend einmal umändern.

Das neunzehnte Jahrhundert hat alle Ursache, hierauf zu
achten.

So ganz leere Worte wie die von der Dekomposition und
Polarisation des Lichts müssen aus der Physik hinaus,
wenn etwas aus ihr werden soll. Doch wäre es möglich,
ja es ist wahrscheinlich, daß diese Gespenster noch bis in
die zweite Hälfte des Jahrhunderts hinüberspuken.

Man nehme das nicht übel. Eben dasjenige, was niemand
zugibt, niemand hören will, muß desto öfter wiederholt
werden.

Wer das Falsche verteidigen will, hat alle Ursache, leise
aufzutreten und sich zu einer feinen Lebensart zu bekennen.
Wer das Recht auf seiner Seite fühlt, muß derb auftreten:
ein höfliches Recht will gar nichts heißen.

Zum Ergreifen der Wahrheit braucht es ein viel höheres
Organ als zur Verteidigung des Irrtums.

156

Hypothesen sind Gerüste, die man vor dem Gebäude aufführt, und die man abträgt, wenn das Gebäude fertig ist. Sie sind dem Arbeiter unentbehrlich; nur muß er das Gerüste nicht für das Gebäude ansehen.

Wenn man den menschlichen Geist von einer Hypothese befreit, die ihn unnötig einschränkte, die ihn zwang, falsch oder halb zu sehen, falsch zu kombinieren, anstatt zu schauen zu grübeln, anstatt zu urteilen zu sophistisieren, so hat man ihm schon einen großen Dienst erzeigt. Er sieht die Phänomene freier, in anderen Verhältnissen und Verbindungen an, er ordnet sie nach seiner Weise, und er erhält wieder die Gelegenheit, selbst und auf seine Weise zu irren, eine Gelegenheit, die unschätzbar ist, wenn er in der Folge bald dazu gelangt, seinen Irrtum selbst wieder einzusehen.

Die Erscheinung ist vom Beobachter nicht losgelöst, vielmehr in die Individualität desselben verschlungen und verwickelt.

Aus dem Größten wie aus dem Kleinsten — nur durch künstlichste Mittel dem Menschen zu vergegenwärtigen — geht die Metaphysik der Erscheinungen hervor; in der Mitte liegt das Besondere, unsern Sinnen Angemessene, worauf ich angewiesen bin, deshalb aber die Begabten von Herzen segne, die jene Regionen zu mir heranbringen.

Wer kann sagen, daß er eine Neigung zur reinen Erfahrung habe? Was Baco dringend empfohlen hatte, glaubte jeder zu tun, und wem gelang es?

Wer ein Phänomen vor Augen hat, denkt schon oft drüber hinaus; wer nur davon erzählen hört, denkt gar nichts.

Die Phänomene sind nichts wert, als wenn sie uns eine tiefere reichere Einsicht in die Natur gewähren oder wenn sie uns zum Nutzen anzuwenden sind.

Die Konstanz der Phänomene ist allein bedeutend; was wir dabei denken, ist ganz einerlei.

Kein Phänomen erklärt sich an und aus sich selbst; nur viele, zusammen überschaut, methodisch geordnet, geben zuletzt etwas, das für Theorie gelten könnte.

Theorie und { Erfahrung / Phänomen stehen gegeneinander in beständigem Konflikt. Alle Vereinigung in der Reflexion ist eine Täuschung; nur durch Handeln können sie vereinigt werden.

Etwas Theoretisches populär zu machen, muß man es absurd darstellen. Man muß es erst selbst ins Praktische einführen; dann gilt's für alle Welt.

Man sagt gar gehörig: das Phänomen ist eine Folge ohne Grund, eine Wirkung ohne Ursache. Es fällt dem Menschen so schwer, Grund und Ursache zu finden, weil sie so einfach sind, daß sie sich dem Blick verbergen.

Der denkende Mensch irrt besonders, wenn er sich nach Ursach und Wirkung erkundigt: sie beide zusammen machen das unteilbare Phänomen. Wer das zu erkennen weiß, ist auf dem rechten Wege zum Tun, zur Tat.

Das genetische Verfahren leitet uns schon auf bessere Wege, ob man gleich damit auch nicht ausreicht.

Der eingeborenſte Begriff, der notwendigſte, von Urſach
und Wirkung, wird in der Anwendung die Veranlaſſung
zu unzähligen, ſich immer wiederholenden Irrtümern.

Ein großer Fehler, den wir begehen, iſt, die Urſache der
Wirkung immer nahe zu denken wie die Sehne dem Pfeil,
den ſie fortſchnellt, und doch können wir ihn nicht vermeiden, weil Urſache und Wirkung immer zuſammengedacht
und alſo im Geiſte angenähert werden.

Die nächſten faßlichen Urſachen ſind greiflich und ebendes-
halb am begreiflichſten; weswegen wir uns gern als mechaniſch denken, was höherer Art iſt.

Indem wir der Einbildungskraft zumuten, das Entſtehen
ſtatt des Entſtandenen, der Vernunft, die Urſache ſtatt der
Wirkung zu reproduzieren und auszuſprechen, ſo haben wir
zwar beinahe nichts getan, weil es nur ein Umſetzen der
$\left\{ \begin{array}{l} \text{Anſchauung} \\ \text{Vorſtellung} \end{array} \right.$ iſt, aber genug für den Menſchen, der vielleicht im Verhältnis $\left\{ \begin{array}{l} \text{zur} \\ \text{gegen} \end{array} \right.$ die Außenwelt nicht mehr
leiſten kann.

Es gibt jetzt eine böſe Art, in den Wiſſenſchaften abſtrus zu
ſein: man entfernt ſich vom gemeinen Sinne, ohne einen
höhern aufzuſchließen, tranſzendiert, phantaſiert, fürchtet
lebendiges Anſchauen, und wenn man zuletzt ins Praktiſche
will und muß, wird man auf einmal atomiſtiſch und
mechaniſch.

Der Granit verwittert auch ſehr gern in Kugel- und Ei-
form; man hat daher keineswegs nötig, die in Norddeutſch-

land häufig gefundenen Blöcke solcher Gestalten wegen als
im Wasser hin und her geschoben und durch Stoßen und
Wälzen enteckt und entkantet zu denken.

Fall und Stoß: dadurch die Bewegung der Weltkörper er=
klären zu wollen, ist eigentlich ein versteckter Anthropomor=
phismus; es ist des Wanderers Gang über Feld. Der auf=
gehobene Fuß sinkt nieder, der zurückgebliebene strebt vor=
wärts und fällt, und immer so fort vom Ausgehen bis
zum Ankommen.

Wie wäre es, wenn man auf demselben Wege den Vergleich
von dem Schrittschuhfahren hernähme, wo das Vorwärts=
bringen dem zurückbleibenden Fuße obliegt, indem er zugleich
die Obliegenheit übernimmt, noch eine solche Anregung zu
geben, daß sein nunmehriger Hintermann auch wieder eine
Zeitlang sich vorwärtszubewegen die Bestimmung erhält?

Das Zurückführen der Wirkung auf die Ursache ist bloß
ein historisches Verfahren, zum Beispiel die Wirkung,
daß ein Mensch getötet, auf die Ursache der losgefeuerten
Büchse.

Induktion habe ich zu stillen Forschungen bei mir selbst nie
gebraucht, weil ich zeitig genug deren Gefahr empfand.

Dagegen aber ist mir's unerträglich, wenn ein anderer sie
gegen mich brauchen, mich durch eine Art Treibejagen mürbe
machen und in die Enge schließen will.

Mitteilung durch Analogien halt ich für so nützlich als
angenehm: der analoge Fall will sich nicht aufdringen,

nichts beweisen; er stellt sich einem andern entgegen, ohne sich mit ihm zu verbinden. Mehrere analoge Fälle vereinigen sich nicht zu geschlossenen Reihen, sie sind wie gute Gesellschaft, die immer mehr anregt als gibt.

Irren heißt, sich in einem Zustande befinden, als wenn das Wahre gar nicht wäre; den Irrtum sich und andern entdecken, heißt rückwärts erfinden.

Die Kreise des Wahren berühren sich unmittelbar; aber in den Intermundien hat der Irrtum Raum genug, sich zu ergehen und zu walten.

Die Natur bekümmert sich nicht um irgend einen Irrtum; sie selbst kann nicht anders als ewig recht handeln, unbekümmert, was daraus erfolgen möge.

Die Natur füllt mit ihrer grenzenlosen Produktivität alle Räume. Betrachten wir nur bloß unsre Erde: alles, was wir bös, unglücklich nennen, kommt daher, daß sie nicht allem Entstehenden Raum geben, noch weniger ihm Dauer verleihen kann.

Alles, was entsteht, sucht sich Raum und will Dauer; deswegen verdrängt es ein anderes vom Platz und verkürzt seine Dauer.

Das Lebendige hat die Gabe sich nach den vielfältigsten Bedingungen äußerer Einflüsse zu bequemen und doch eine gewisse errungene entschiedene Selbständigkeit nicht aufzugeben.

Man gedenke der leichten Erregbarkeit aller Wesen, wie der

mindeſte Wechſel einer Bedingung, jeder Hauch gleich in den Körpern Polarität manifeſtiert, die eigentlich in ihnen allen ſchlummert.

Spannung iſt der indifferent ſcheinende Zuſtand eines energiſchen Weſens in völliger Bereitſchaft, ſich zu manifeſtieren, zu differenzieren, zu polariſieren.

Die Vögel ſind ganz ſpäte Erzeugniſſe der Natur.

Natur hat zu nichts geſetzmäßige Fähigkeit, was ſie nicht gelegentlich ausführte und zu Tage brächte.

Nicht allein der freie Stoff, ſondern auch das Derbe und Dichte drängt ſich zur Geſtalt: ganze Maſſen ſind von Natur und Grund aus kriſtalliniſch; in einer gleichgültigen formloſen Maſſe entſteht durch ſtöchiometriſche Annäherung und Übereinandergreifen die porphyrartige Erſcheinung, welche durch alle Formationen durchgeht.

Die ſchönſte Metamorphoſe des unorganiſchen Reiches iſt, wenn beim Entſtehen das Amorphe ſich ins Geſtaltete verwandelt. Jede Maſſe hat hiezu Trieb und Recht. Der Glimmerſchiefer verwandelt ſich in Granaten und bildet oft Gebirgsmaſſen, in denen der Glimmer beinahe ganz aufgehoben iſt und nur als geringes Bindungsmittel ſich zwiſchen jenen Kriſtallen befindet.

Die Mineralienhändler beklagen ſich, daß ſich Liebhaberei zu ihrer Ware in Deutſchland vermindere, und geben der eindringlichen Kriſtallographie die Schuld. Es mag ſein; jedoch in einiger Zeit wird gerade das Beſtreben, die Ge=

162

stalt genauer zu erkennen, auch den Handel wieder beleben, ja gewisse Exemplare kostbarer machen.

Kristallographie sowie Stöchiometrie vollendet auch den Oryktognosten; ich aber finde, daß man seit einiger Zeit in der Lehrmethode geirrt hat. Lehrbücher zu Vorlesungen und zugleich zum Selbstgebrauch, vielleicht gar als Teile zu einer wissenschaftlichen Enzyklopädie sind nicht zu billigen; der Verleger kann sie bestellen, der Schüler nicht wünschen.

Lehrbücher sollen anlockend sein; das werden sie nur, wenn sie die heiterste zugänglichste Seite des Wissens und der Wissenschaft hinbieten.

Alle Männer vom Fach sind darin sehr übel dran, daß ihnen nicht erlaubt ist, das Unnütze zu ignorieren.

„Wir gestehen lieber unsre moralischen Irrtümer, Fehler und Gebrechen als unsre wissenschaftlichen." Das kommt daher, weil das Gewissen demütig ist und sich sogar in der Beschämung gefällt; der Verstand aber ist hoch=mütig, und ein abgenötigter Widerruf bringt ihn in Ver=zweiflung.

Daher kommt, daß offenbarte Wahrheiten erst im stillen zugestanden werden, sich nach und nach verbreiten, bis das=jenige, was man hartnäckig geleugnet hat, endlich als et=was ganz Natürliches erscheinen mag.

Unwissende werfen Fragen auf, welche von Wissenden vor tausend Jahren schon beantwortet sind.

Bei Erweiterung des Wissens macht sich von Zeit zu Zeit eine Umordnung nötig; sie geschieht meistens nach neueren Maximen, bleibt aber immer provisorisch.

Männer vom Fach bleiben im Zusammenhange; dem Liebhaber dagegen wird es schwerer, wenn er die Notwendigkeit fühlt nachzufolgen.

Deswegen sind Bücher willkommen, die uns sowohl das neu empirisch Aufgefundene als die neubeliebten Methoden darlegen.

In der Mineralogie ist dies höchst nötig, wo die Kristallographie so große Forderungen macht, und wo die Chemie das Einzelne näher zu bestimmen und das Ganze zu ordnen unternimmt. Zwei willkommene: Leonhard und Cleaveland.

Wenn wir das, was wir wissen, nach anderer Methode oder wohl gar in fremder Sprache dargelegt finden, so erhält es einen sonderbaren Reiz der Neuheit und frischen Ansehens.

Wenn zwei Meister derselben Kunst in ihrem Vortrag voneinander differieren, so liegt wahrscheinlicherweise das unauflösliche Problem in der Mitte zwischen beiden.

Das Große, Überkolossale der Natur eignet man so leicht sich nicht an; denn wir haben nicht reine Verkleinerungsgläser wie wir Linsen haben, um das unendlich Kleine zu gewahren. Und da muß man doch noch Augen haben wie Carus und Nees, wenn dem Geiste Vorteil entstehen soll. Da jedoch die Natur im Größten wie im Kleinsten sich

immer gleich ist und eine jede trübe Scheibe so gut die
schöne Bläue darstellt wie die ganze weltüberwölkende At=
mosphäre, so bin ich es geraten, auf Musterstücke aufmerk=
sam zu sein und sie vor mir zusammenzulegen. Hier nun
ist das Ungeheuere nicht verkleinert, sondern im Kleinen,
und ebenso unbegreiflich als im Unendlichen.

Wenn in der Mathematik der menschliche Geist seine Selb=
ständigkeit und unabhängige Tätigkeit gewahr wird und
dieser ohne weitere Rücksicht ins Unendliche zu folgen sich
geneigt fühlt, so flößt er zugleich der Erfahrungswelt ein
solches Zutrauen ein, daß sie es an gelegentlichen Auffor=
derungen nicht fehlen läßt. Astronomie, Mechanik, Schiffs=
bau, Festungsbau, Artillerie, Spiel, Wasserleitung, Schnitt
der Bausteine, Verbesserung der Fernröhre riefen in der
zweiten Hälfte des siebzehnten Jahrhunderts die Mathematik
wechselsweise zu Hülfe.

Die Mathematiker sind wunderliche Leute; durch das Große,
was sie leisteten, haben sie sich zur Universal=Gilde aufge=
worfen und wollen nichts anerkennen, als was in ihren
Kreis paßt, was ihr Organ behandeln kann. Einer der
ersten Mathematiker sagte bei Gelegenheit, da man ihm
ein physisches Kapitel andringlich empfehlen wollte: „Aber
läßt sich denn gar nichts auf den Kalkül reduzieren?"

Falsche Vorstellung, daß man ein Phänomen durch Kalkül
oder durch Worte abtun und beseitigen könne.

Die Mathematiker sind eine Art Franzosen: redet man zu
ihnen, so übersetzen sie es in ihre Sprache, und dann ist es
alsobald ganz etwas anders.

Es folgt eben gar nicht, daß der Jäger, der das Wild erlegt, auch zugleich der Koch sein müsse, der es zubereitet. Zufälligerweise kann ein Koch mit auf die Jagd gehen und gut schießen; er würde aber einen bösen Fehlschluß tun, wenn er behauptete, um gut zu schießen, müsse man Koch sein. So kommen mir die Mathematiker vor, die behaupten, daß man in physischen Dingen nichts sehen, nichts finden könne, ohne Mathematiker zu sein, da sie doch immer zufrieden sein könnten, wenn man ihnen in die Küche bringt, das sie mit Formeln spicken und nach Belieben zurichten können.

Wir müssen erkennen und bekennen, was Mathematik sei, wozu sie der Naturforschung wesentlich dienen könne, wo hingegen sie nicht hingehöre, und in welche klägliche Abirrung Wissenschaft und Kunst durch falsche Anwendung seit ihrer Regeneration geraten sei.

Die große. Aufgabe wäre, die mathematisch-philosophischen Theorien aus den Teilen der Physik zu verbannen, in welchen sie Erkenntnis, anstatt sie zu fördern, nur verhindern, und in welchen die mathematische Behandlung durch Einseitigkeit der Entwicklung der neuern wissenschaftlichen Bildung eine so verkehrte Anwendung gefunden hat.

Darzutun wäre, welches der wahre Weg der Naturforschung sei: wie derselbe auf dem einfachsten Fortgange der Beobachtung beruhe, die Beobachtung zum Versuch zu steigern sei und wie dieser endlich zum Resultat führe.

Tycho de Brahe, ein großer Mathematiker, vermochte sich nur halb von dem alten System loszulösen, das wenigstens

den Sinnen gemäß war, das er aber aus Rechthaberei durch
ein kompliziertes Uhrwerk ersetzen wollte, das weder den
Sinnen zu schauen noch den Gedanken zu erreichen war.

Newton als Mathematiker steht in so hohem Ruf, daß der
ungeschickteste Irrtum, nämlich das klare, reine, ewig un=
getrübte Licht sei aus dunklen Lichtern zusammengesetzt, bis
auf den heutigen Tag sich erhalten hat, und sind es nicht
Mathematiker, die dieses Absurde noch immer verteidigen
und gleich dem gemeinsten Hörer in Worten wiederholen,
bei denen man nichts denken kann?

Der Mathematiker ist angewiesen aufs Quantitative, auf
alles, was sich durch Zahl und Maß bestimmen läßt, und
also gewissermaßen auf das äußerlich erkennbare Universum.
Betrachten wir aber dieses, insofern uns Fähigkeit gegeben
ist, mit vollem Geiste und aus allen Kräften, so erkennen
wir, daß Quantität und Qualität als die zwei Pole des
erscheinenden Daseins gelten müssen; daher denn auch der
Mathematiker seine Formelsprache so hoch steigert, um,
insofern es möglich, in der meßbaren und zählbaren Welt
die unmeßbare mitzubegreifen. Nun erscheint ihm alles
greifbar, faßlich und mechanisch, und er kommt in den
Verdacht eines heimlichen Atheismus, indem er ja das
Unmeßbarste, welches wir Gott nennen, zugleich mitzuer=
fassen glaubt und daher dessen besonderes oder vorzügliches
Dasein aufzugeben scheint.

Der Sprache liegt zwar die Verstandes= und Vernunfts=
fähigkeit des Menschen zum Grunde, aber sie setzt bei dem,
der sich ihrer bedient, nicht eben reinen Verstand, ausge=
bildete Vernunft, redlichen Willen voraus. Sie ist ein Werk-

zeug, zweckmäßig und willkürlich zu gebrauchen; man kann
sie ebensogut zu einer spitzfindig-verwirrenden Dialektik wie
zu einer verworren-verdüsternden Mystik verwenden, man
mißbraucht sie bequem zu hohlen und nichtigen prosaischen
und poetischen Phrasen, ja man versucht, prosodisch untadel=
hafte und doch nonsensikalische Verse zu machen.
Unser Freund, der Ritter Ciccolini sagt: „Ich wünschte wohl,
daß alle Mathematiker in ihren Schriften des Genies und
der Klarheit eines La Grange sich bedienten", das heißt:
möchten doch alle den gründlich-klaren Sinn eines La Grange
besitzen und mit solchem Wissen und Wissenschaft behandeln!

Der Newtonische Irrtum steht so nett im Konversations=
lexikon, daß man die Oktavseite nur auswendig lernen darf,
um die Farbe fürs ganze Leben los zu sein.

Der Kampf mit Newton geht eigentlich in einer sehr nie=
dern Region vor. Man bestreitet ein schlecht gesehenes,
schlecht entwickeltes, schlecht angewendetes, schlecht theoreti=
siertes Phänomen. Man beschuldigt ihn in den früheren
Versuchen einer Unvorsichtigkeit, in den folgenden einer
Absichtlichkeit, beim Theoretisieren der Übereilung, beim Ver=
teidigen der Hartnäckigkeit und im ganzen einer halb be=
wußtlosen, halb bewußten Unredlichkeit.

Hundert graue Pferde machen nicht einen einzigen Schimmel.

Diejenigen, die das einzige grundklare Licht aus farbigen
Lichtern zusammensetzen, sind die eigentlichen Obskuranten.

Wer sich an eine falsche Vorstellung gewöhnt, dem wird
jeder Irrtum willkommen sein.

Deswegen sagte man ganz richtig: „Wer die Menschen be=
trügen will, muß vor allen Dingen das Absurde plausibel
machen."

Licht und Geist, jenes im Physischen, dieser im Sittlichen
herrschend, sind die höchsten denkbaren unteilbaren Energien.

Ich habe nichts dagegen, wenn man die Farbe sogar zu fühlen
glaubt; ihr eigenes Eigenschaftliche würde nur dadurch noch
mehr betätigt.

Auch zu schmecken ist sie.. Blau wird alkalisch, Gelbrot
sauer schmecken. Alle Manifestationen der Wesenheiten sind
verwandt.

Und gehört die Farbe nicht ganz eigentlich dem Gesicht an?

Fragmentarisches aus dem Nachlaß

Religion: Alte;
Poesie: Religion der Jugend.

Die Natur ist immer Jehovah.
Was sie ist, was sie war, und was sie sein wird.

Man hat den Epikur, der ein armer Hund war wie ich, sehr mißverstanden, wenn er das Höchste in die Schmerzlosigkeit legte.

Besonderes Vergnügen, sich mit Personen, die man liebt, über Dinge zu erklären und weitläufig zu sein, Empfinden rege zu machen, wenn man gleich weiß, daß, was man sagt, nicht wahr ist.

Die Menschen wundern sich, daß ich es besser weiß wie sie, und es ist kein Wunder, sie halten sehr oft für falsch, was ich denke.

Man muß nicht fürchten, überstimmt zu werden, wenn uns widersprochen wird.

Menschen, die ihre Kenntnisse an die Stelle der Einsicht setzen. (Junge Leute.)

Das Falsche (der Irrtum) ist meistens der Schwäche bequemer.

Wenn sie wüßten, wo das liegt, was sie suchen, so suchten sie ja nicht.

Die Güte des Herzens nimmt einen weiteren Raum ein als der Gerechtigkeit geräumiges Feld.

In weltlichen Dingen sind nur zu betrachten die Mittel und der Gebrauch.

Drei Dinge werden nicht eher erkannt als zu gewisser Zeit:
> ein Held im Kriege,
> ein weiser Mann im Zorn,
> ein Freund in der Not.

Drei Klassen von Narren:
> die Männer aus Hochmut,
> die Mädchen aus Liebe,
> die Frauen aus Eifersucht.

Toll ist:
> wer Toren belehrt,
> Weisen widerredet,
> von hohlen Reden bewegt wird,
> Huren glaubt,
> Geheimnisse Unsichern vertraut.

Wer muß Langmut üben?
> Der große Tat vorhat,
> bergan steigt,
> Fische speist.

Jüdisches Wesen: Energie der Grund von allem. Unmittelbare Zwecke. Keiner, auch nur der kleinste geringste Jude, der nicht entschiedenes Bestreben verriete, und zwar ein irdisches, zeitliches, augenblickliches. Judensprache hat etwas Pathetisches.

Es kommt mir wunderbar vor, eine so tragische Schuld zu sehen, daß eine Tragödie gar nicht darauf zu folgen brauchte.

Es ist etwas unbekanntes Gesetzliches im Objekt, welches dem unbekannten Gesetzlichen im Subjekt entspricht.

Vollkommne Künstler haben mehr dem Unterricht als der Natur zu danken.

Die höchste Absicht der Kunst ist, menschliche Formen zu zeigen, so sinnlich bedeutend und so schön, als es möglich ist.

Paris ist offen, Italien wird's auch werden; solange uns der Atem bleibt, werden wir den Künstler in das Weite der Welt und Kunst und in die Beschränktheit seiner selbst weisen.

Sich in seiner Beschränktheit gefallen ist ein elender Zustand; in Gegenwart des Besten seine Beschränktheit fühlen ist freilich ängstlich, aber diese Angst erhebt.

Organische Natur: ins Kleinste lebendig; Kunst: ins Kleinste empfunden.

Die Funktion ist das Dasein, in Tätigkeit gedacht.

Urphänomene: ideal, real, symbolisch, identisch. Empirie: unbegrenzte Vermehrung derselben, Hoffnung der Hülfe daher, Verzweiflung an Vollständigkeit.

Urphänomen:

     ideal als das letzte Erkennbare,

     real als erkannt,

     symbolisch, weil es alle Fälle begreift,

     identisch mit allen Fällen.

Alle Verhältnisse der Dinge wahr. Irrtum allein in dem Menschen. An ihm nichts wahr, als daß er irrt, sein Verhältnis zu sich, zu andern, zu den Dingen nicht finden kann.

Wissen: das Bedeutende der Erfahrung, das immer ins Allgemeine hinweist.

Bei den Kontroversen darauf zu sehen, wer das Punctum saliens getroffen.

Man hört, nur die Mathematik sei gewiß; sie ist es nicht mehr als jedes andere Wissen und Tun. Sie ist gewiß, wenn sie sich klüglich nur mit Dingen abgibt, über die man gewiß werden und insofern man darüber gewiß werden kann.

Alle Kristallisationen sind ein realisiertes Kaleidoskop.

Es war schon bei den Römern, wenn sie was Tüchtiges sagen wollten, sagten sie's griechisch. Warum wir nicht französisch?

... Das unheilbare Übel dieser religiösen Streitigkeiten besteht darin, daß der eine Teil auf Märchen und leere Worte das höchste Interesse der Menschheit zurückführen will, der andere aber es da zu begründen denkt, wo sich niemand beruhigt.

.. Ich erwarte wohl, daß mir mancher Leser widerspricht; aber er muß doch stehen lassen, was er schwarz auf weiß vor sich hat. Ein anderer stimmt vielleicht mir bei, eben dasselbe Exemplar in der Hand.

... Es ist daher das beste, wenn wir bei Beobachtungen soviel als möglich uns der Gegenstände und beim Denken darüber soviel als möglich uns unsrer selbst bewußt sind.

Anmerkungen

Zu ihrem Verständnis bedürfen die „Maximen und Reflexionen" kaum eines Kommentars. So dunkel auch viele von ihnen dank einer bewundernswürdig gedrungenen Knappheit des Ausdrucks zu sein scheinen, so will doch keine einem ehrlichen Nachsinnen ihre Bedeutung dauernd verhehlen. Der beste Kommentar wäre es freilich, wenn es gelänge, jedem Ausspruch seinen Platz in der Gedankenwelt Goethes anzuweisen, ihn zu seinen Geschwistern zu stellen, die mit ihm derselben Vorstellung entsprungen sind. Solche Kommentare haben Gustav v. Loeper und in weiterem Umfang Max Hecker zu geben versucht. Wir unsererseits müssen es dem Leser überlassen, nach dem Maß seiner Vertrautheit mit Goethe die zahlreichen Parallelstellen zwischen den Sprüchen und den Dichtungen, Briefen, Tagebüchern, sonstigen Schriften und Äußerungen aufzufinden. Hier können nur die notwendigsten Erläuterungen auf Grund selbständiger Nachprüfungen folgen.

4. „Einem bejahrten Manne usw." Schon in der „Nausikaa" vom April 1787 sagt Goethe:

> Und immer ist der Mann ein junger Mann,
> Der einem jungen Weibe wohl gefällt;

er selbst hat bis ins höchste Greisenalter in galant-anmutigem Getändel mit holder weiblicher Jugend Anregung und Erfrischung gefunden.

7. „Es darf sich einer nur für frei erklären usw." ist schon eine Lebensmaxime des jungen Goethe. Tagebuch, Febr. 1778: „Bestimmteres Gefühl von Einschränkung, und dadurch der wahren Ausbreitung."

7. „Gegen große Vorzüge usw." Dies wunderbar tiefe Wort stammt von Schiller, der am 2. Juli 1796 an

Goethe schreibt: er habe bei der Lektüre des „Wilhelm Meister" empfunden, „daß es dem Vortrefflichen gegenüber keine Freiheit gibt als die Liebe". Der gleiche Gedanke findet sich schon bei Spinoza.

8. „Es gibt, sagt man, für den Kammerdiener usw." So hatte es Goethe selbst bestätigt gefunden, als er bei seinem Besuch in Berlin über Friedrich den Großen „seine eignen Lumpenhunde räsonnieren" gehört hatte (an Merck, 5. August 1778).

8. Montan in den Wanderjahren: „Aller Anfang ist schwer! Das mag in einem gewissen Sinne wahr sein; allgemeiner aber kann man sagen: aller Anfang ist leicht, und die letzten Stufen werden am schwersten und seltensten erstiegen."

10. „Der wunderbarste Irrtum aber usw." Man denke an die Mühe, die Goethe auf seine Ausbildung in den bildenden Künsten verwendet hat und die erst bei seinen naturwissenschaftlichen Studien fruchtbar geworden ist.

13. Travers: Verkehrtheiten, Grillen, Schrullen (vgl. zu Kanzler v. Müller, 8. März 1824); eine Übersetzung braucht Goethe im Briefe an Frau v. Stein vom 25.—27. August 1782 in bezug auf den Prinzen August von Gotha: „Er ... hat keine fürstliche Queceren."

13. „Das Zufällig-Wirkliche usw." Unter Gesetzen der Freiheit im Unterschiede von denen der Natur sind Forderungen der höheren Sittlichkeit zu verstehen.

14. „Es bleibt einem jeden usw." ist ein Kantischer Grundsatz.

14. „Die sogenannten Naturdichter usw." ist veranlaßt worden durch die „Uhterlesenen pladdütschen Gedichte"

des Rostocker Naturdichters Dietrich Georg Babst, die Goethe am 30. Oktober 1820 kennen lernte. „Aufgeforderte" = angeregte.

14. „Die Natur verstummt usw." und viele der folgenden Sprüche zeigen Goethes Ingrimm auf Newtons Farbenlehre, die, statt einer unverkünstelten, gewissenhaften Naturbeobachtung zu vertrauen, ihr Heil in komplizierten Experimenten suche.

15. „Gewissen Geistern usw." Wieland ist es, der dieses Wort geprägt hat, in seinem Briefe an Bodmer vom 8. Juni 1752.

15. „Es werden jetzt Produktionen usw." Vgl. Goethes Worte zu Eckermann, 11. März 1828: „Wir haben in der Literatur Poeten, die für sehr produktiv gehalten werden, weil von ihnen ein Band Gedichte nach dem andern erschienen ist. Nach meinem Begriffe aber sind diese Leute durchaus unproduktiv zu nennen; denn was sie machten, ist ohne Leben und Dauer."

16. Die französische Form »Epopée« häufig bei Goethe und Zeitgenossen.

17. Clam, vi et precario: heimlich, mit Gewalt und bittweise.

17. „Ein lustiger Gefährte usw." ist ein altes Sprichwort. Rollwagen war im 17. Jahrhundert die Bezeichnung für den öffentlichen Post- und Reisewagen.

21. Mächler = Tätler. „Technischen und artistischen abgeschlossenen Tätigkeitskreisen sind die Wissenschaften mehr schuldig, als hervorgehoben wird, weil man auf jene treu fleißigen Menschen oft nur als auf werkzeugliche Tätler hinabsieht." (Geschichte der Farbenlehre.)

22. „Wer meine Fehler überträgt usw." — übertragen in
Goethes Sprachgebrauch soviel wie „ertragen".

22. Veni Creator Spiritus: Pfingsthymnus des Papstes
Gregor VII. Von Goethe übersetzt am 9. April 1820
unter der Überschrift „Appell ans Genie". Die Be=
kanntschaft mit dem Original verrät bereits der Brief
an Schiller vom 15. Nov. 1796.

24. Der Name „Konversationslexikon" bürgerte sich um
1800 ein und erregte Goethes Mißfallen. S. Zahme
Xenien V: „Konversationslexikon heißts mit Recht,
weil, wenn die Konversation ist schlecht, jedermann zur
Konversation es nutzen kann."

24. „Die Zeit ist selbst ein Element", d. h. ein „Urphäno=
men", etwas Gegebenes, „das man nur aussprechen
darf, um es erklärt zu haben".

25. „Wenn man alle Gesetze studieren sollte usw." Dazu
gibt Goethe im zweiten Heft des vierten Bandes
von „Kunst und Altertum" folgende „Aufklärung":

„Auf Seite 44 des gegenwärtigen Heftes findet sich
ein Sprüchlein, das man nicht gern weder unter die
eigenen noch unter die angeeigneten zählen möchte;
deswegen hier einige Erläuterung zu geben wäre, wie
sich solches in die ernstere Gesellschaft geschlichen; es
heißt: „Wenn man alle Gesetze studieren sollte, so
hätte man keine Zeit, sie zu übertreten." Ich kenne
so fleißige und eifrige Leser meiner Schriften, die bei
wenigem Nachdenken gleich entdecken würden, wohin
dieses Paradoxon eigentlich gehöre; da nun aber dies
vom größeren Publikum nicht zu erwarten ist, dem
ich doch auch Rechenschaft schuldig bin, so will ich nur
gestehen, daß diese verwegenen Worte dem neapolita=

nifchen Prinzeßchen angehören, Worte, welche ich in meiner italienifchen Reife vergeffen und wie fie mir wieder einfielen, auf ein Zettelchen gefchrieben hatte. Diefes kam zufällig unter andere ernftere und mehr= bedachte Blättchen, es fchlich fich ein und zog fo fachte mit fort, bis es endlich zum Druck gelangte. Diefer Zufall aber, diefes Überfehen gibt mir Gelegenheit aus= zufprechen, wie anmutig und geiftreich diefer einge= ftreute Scherz fich damals erwies. Jene heitere Schöne war leibliche Schwefter von Filangieri, welches ich am angeführten Orte verfchwieg. Ein leidenfchaftlich ernfter Mann, wie er war, eingenommen von dem Thema, das er fo ausführlich behandelt hatte (denn es ftanden fchon zehen Bände über Gefetzgebung von ihm gedruckt), war geneigt, mit einem jeden, dem er fein Vertrauen fchenkte, aufrichtig und eindringlich über die Mängel der Gegenwart und über die Hoffnung einer beffern Zukunft zu fprechen. Da er nun einft der Schwefter, die ganz andere Dinge im Sinn hatte, mit einem Ge= fpräch von Gefetzen und aber Gefetzen in die Quere kam, fuhr fie mit jenem Spruche heraus, den man ihr, zu fo viel anderem, wegen fonftiger Anmut gar gern verzeihen wird, ohne fich als guter Staatsbürger denfelben im mindeften anzueignen."

25. „Leichtfinnige ufw." Lenz, Bürger und Zach. Werner gehören hierher.

25. „Ich möchte gern ehrlich mit dir fein ufw." Diefe Worte fcheinen an Friedrich Heinrich Jacobi gerichtet zu fein.

26. Das politifche Schlagwort „liberal" fand nicht Goethes Zuftimmung.

26. Der Spruch des Archimedes lautet bekanntlich: „Gib mir einen Punkt, wo ich beharren kann, und ich werde die Erde bewegen." Der Mineraloge Karl Wilhelm Nose, der nach erfolgreicher ärztlicher Tätigkeit als Privatmann in Endenich bei Bonn lebte, suchte in der Geologie zwischen dem von Goethe vertretenen Neptunismus und dem immer mehr Geltung gewinnenden Vulkanismus zu vermitteln.

27. Etiam nihil didicisti: Auch du hast nichts gelernt.

27. „Auch Bücher haben ihr Erlebtes usw." ist eine Übersetzung des Wortes von Terentianus Maurus: Pro captu lectoris habent sua fata libelli.

27. Domenichin: der bekannte italienische Maler Domenico Zampieri (1581—1641).

28. „Mannräuschlein" fand Goethe bei Hans v. Schweinichen; richtig heißt es „Maurauschlein", Koseform des schlesischen „Maruscha" = Marie.

28. „Hiddensee" ist eine kleine Insel bei Rügen (Hytthimsöe = Hütteninsel).

30. Madame Rolands »Mémoires« waren 1820 zu Paris in zwei Bänden erschienen. Sie werden im Tagebuch erwähnt, 15.—19. Febr. 1820.

34. „Wer viel mit Kindern lebt usw." und die beiden folgenden Sprüche sind aufmerksame Beobachtungen, die Goethe bei der Entwicklung seiner beiden Enkel (geb. 1818 u. 1820) anstellte.

36. „Einem jeden wohlgesinnten Deutschen usw." ist gleichbedeutend mit Schillers Gebot der ästhetischen Erziehung.

39. „Der Despotismus fördert die Autokratie usw." darf nicht als Anerkennung des Despotismus aufgefaßt

werden. Goethe war kein Verehrer des Despotismus. „Das Bild eines Despoten, wenn es auch nur in der Luft schwebt, ist edlen Menschen schon fürchterlich." (Italien. Reise.) Der Begriff eines Autokraten in ethischem Sinne war Goethe geläufig.

39. „Alles Spinozistische usw." Die richtige Deutung dieses dunkeln, vielkommentierten Spruches hat erst Hecker gegeben. Indem der Dichter, dem Hauptzweck seines Werkes zuliebe, die Schicksale der Einzelpersonen nach Belieben modelt und umgestaltet, bringt er den Grund= gedanken Spinozas zu praktisch=ästhetischer Geltung, wonach nur der Substanz Wert und Dauer zukommt, indessen die Einzeldinge nichtig sind; zugleich aber ist, von einem kritisch=reflektierenden Standpunkt aus be= trachtet, diese Nichtachtung der Einzelwesen machia= vellistisch, d. h. unsittlich, verrucht. Der Satz gibt somit eine Art ästhetisches Gegenstück zu der ethisch= praktischen Reflexion (Seite 28), daß der Handelnde immer gewissenlos sei, Gewissen nur der Betrachtende habe. — Niccolò Machiavelli wurde 1469 in Florenz geboren und starb 1527 ebenda.

40. „Wenn ein deutscher Literator usw." Goethe denkt an Kotzebue. Durch seine Anschuldigung, Goethe strebe eine literarische Tyrannis an, hat Kotzebue sich zum ästhetischen Volkstribunen aufzuschwingen gesucht.

43. Hydra: Insel im Ägäischen Meer, südlich von Athen; ihre Bewohner kämpften im Freiheitskriege der Griechen gegen die Türken in den ersten Reihen. Hecker weist darauf hin, daß am Schluß der Betrachtung Goethe auf den Branderführer Konstantin Kanaris (1790—1877) anspielt, der zweimal, am 19. Juni und 9. November

1822, das türkische Admiralschiff in die Luft gesprengt hat.

44. Wocken: niederdeutsche Form für Rocken.

45. Johannes Secundus (Jan Nicolai Everaerts), ein neulateinischer Dichter, der von 1511 bis 1536 lebte. An Frau v. Stein sandte Goethe ein Gedicht „An den Geist des Johannes Secundus."

45. „Von einem bedeutenden frauenzimmerlichen Gedichte usw." bezieht sich auf die Verfasserin des Gedichts »La Vision«, Delphine Gay, spätere Madame de Girardin.

48. „Die Kunst ist eine Vermittlerin des Unaussprechlichen usw." d. h. eine Vermittlerin zwischen Welt und Individuum.

49. „Diese Neigung usw." Wie mächtig Gewohnheit zusammenschließt, erfuhr Goethe in seinem Verhältnis zu Christiane Vulpius.

50. „Das Höchste usw." und die folgenden vier Aussprüche sind veranlaßt worden durch ein Büchlein von Wilhelm v. Schütz „Zur Morphologie". Auch andre Sprüche dieses Abschnittes knüpfen an Schütz an.

52. Goethes Interesse für die „Entdeckung der Luftballone" ist bekannt.

52. „Metempsychose": Seelenwanderung.

53. „Die Wissenschaft hilft uns usw." ist verwandt mit dem Begriff des „Erstaunens", wie ihn Aristoteles und Plato angewendet haben. „Wer nicht mit Erstaunen und Bewunderung anfangen will, der findet nicht den Zugang in das innere Heiligtum." Zu Eckermann, 18. Febr. 1829: „Das Höchste, wozu der Mensch ge-

langen kann, ist das Erstaunen." In diesem Sinne auch im Faust und in der Parabase: „Zum Erstaunen bin ich da."

55. „Im Reich der Natur usw." Das „Reich der Freiheit": Kants intelligible Welt.

57. „Mit der Farbe geht's ebenso ..., wo sie zu Hause ist," d. h. in uns selbst.

57. Der Magnet ist natürlich kein Urphänomen. „Goethe nimmt das Urphänomen, bei dem man sich zu beruhigen hat, durchweg zu früh an, bei Erscheinungen, die sich noch auf allgemeinere zurückführen lassen." (Max Morris.)

64. Das „Widerwärtige": das Widerstrebende.

69. Über den Aberglauben als Bestandteil menschlichen Wesens vgl. das Kapitel „Roger Bacon" der Geschichte der Farbenlehre. Riemers Tagebuch, 12. Dez. 1806: „Der sogenannte Aberglaube beruht auf einer viel größern Tiefe und Delikatesse als der Unglaube."

71. „Der Dichter ist angewiesen usw." Vgl. „Ein Wort für junge Dichter." Zu Eckermann, 29. Jan. 1826: „So lange er [der Dichter] bloß seine wenigen subjektiven Empfindungen ausspricht, ist er noch keiner zu nennen; aber sobald er die Welt sich anzueignen und auszusprechen weiß, ist er ein Poet."

71. „Shakespeare ist usw." Eine Warnung, die aus eigener Erfahrung hervorgeht. Wie sehr Goethe durch Shakespeares Einfluß (nach Herders scharfem „Credirie") „verdorben" worden war, zeigt sein „Gottfried v. Berlichingen."

72. „Man ist nur eigentlich lebendig usw." Vgl. das Gedicht „Den Freunden". (Wohlwollen unsrer Zeitgenossen — das bleibt zuletzt erprobtes Glück.)

75. „Kein Mensch muß müssen", der Derwisch in Lessings
Nathan I. 3. — Der „geistreiche, frohgesinnte Mann"
ist Zelter (siehe seinen Brief an Goethe vom 4. Jan.
1826), der „Dritte" ist Goethe selbst.

77. „Was ist das Allgemeine? usw." Das Zentrum des
Goethischen Denkens auf künstlerischem und natur-
wissenschaftlichem Gebiet.

78. „Alles, was wir Erfinden usw." Dieses fruchtbare
Aperçu schildert Goethes Empfindungen bei Entdek-
kung des menschlichen Zwischenkiefers und der Pflanzen-
metamorphose.

78. „Es gibt eine zarte Empirie usw." Diesen Spruch
sandte Goethe am 5. Okt. 1828 an Zelter.

79. „Entstehen und Vergehen, Schaffen und Vernichten
usw." Vgl. die Worte des Erdgeist im Faust.

83. „Die Vernunft hat nur usw." Diesen und die folgenden drei Sprüche muß man aus dem Zustand der
Geologie zu Goethes Zeiten erklären.

84. „Nichts ist widerwärtiger als die Majorität." In den
Wanderjahren heißt es: „Wegen der Majorität haben
wir ganz eigne Gedanken; wir lassen sie freilich gelten
im notwendigen Weltlauf, im höhern Sinne haben
wir aber nicht viel Zutrauen auf sie." Schiller im
Demetrius: „Was ist die Mehrheit? Mehrheit ist der
Unsinn."

84. „Die Mathematik usw." In diesem und den folgenden fünf Aussprüchen stellt Goethe nach Morris gegenüber der mathematischen Behandlung der Physik die

seiner Künstlernatur allein mögliche Erfassung der Körperwelt durch Anschauung und Idee als die allein berechtigte hin.

85. Joseph Ludwig Lagrange, Mathematiker und Astronom, gestorben 1812 zu Paris.

88. „Eine eklektische Philosophie usw." und der folgende Spruch wurden durch Viktor Cousin veranlaßt, der seine Philosophie Éclecticisme Impartial nannte und auf Plato, Descartes und Hegel begründet hatte.

89. Euklid (Eukleides), griechischer Mathematiker, hat die zu seiner Zeit bekannte reine Mathematik in seinen „Elementen" (Stoicheia) wissenschaftlich zusammengestellt, die allen ähnlichen Werken bis auf unsre Zeit zum Vorbild gedient haben.

89. Heautognosie: Selbstschau, griech. Vgl. den Vers: „Gibts denn einen modernen Poeten ohne Heautontimorumenie?"

94. „Wenn man den Tod abschaffen könnte usw." Goethes Straßburger Thesen verlangen: „Poenae capitales non abrogandae."

98. „Was ich recht weiß usw." Nach Lukians Spruch: Nec quidquam sapit qui sibi non sapit.

100. „Der unschätzbare Vorteil usw." Vgl. an Reinhard, 2. März 1827.

102. Lawrence Yorik-Sterne, engl. Humorist, 1713—1768.

104. „Pereant, qui ante nos nostra dixerunt" und „Die originalsten Autoren usw." entstammen der Aphorismensammlung von Richard Griffith „The Koran". Das krause Buch wurde Lorenz Sterne zugeschrieben.

106. Serail: französische Form des aus dem Persischen stammenden Wortes Serâi d. i. großes Haus, Palast.

106. Empiriker: ein wissenschaftlicher Forscher, der allein auf die Erfahrung baut.

107. Bronto= und Niphotheologie: die Lehre von der Erkenntnis Gottes aus Naturerscheinungen.

112. Pandora: die alles Gebende.

115. „Es gibt Menschen usw." Auch hier, und an vielen folgenden Stellen, bezieht sich Goethe auf Kotzebue, der ihn mit Abneigung und Haß verfolgte, und dessen Existenz er „als ein notwendiges und zwar günstiges Ingrediens" zu der seinigen sich zu betrachten angewöhnt hatte.

119. „Es ist besser, eine Torheit usw." Ähnlich heißt es im „West=östlichen Divan": Laß dich nur in keiner Zeit zum Widerspruch verleiten! Weise fallen in Unwissenheit, wenn sie mit Unwissenden streiten.

124. Mazarin: Jules Mazarini, Kardinal und französischer Staatsmann (1602—1662).

124. „Wenn man einige Monate usw." Vgl. an Zelter, 29. April 1830: „Seit den sechs Wochen, daß ich die französischen und deutschen Zeitungen unter ihrem Kreuzband liegen lasse, ist es unsäglich, was ich für Zeit gewann." Goethe war kein Freund des Zeitungswesens. Vgl. u. a. an Reinhard, 25. Jan. 1813; an Müller, 14. Dez. 1808, 23. März 1830; Zelter, 29. April 1830; Soret, 6. März u. 12. Juni 1830.

125. „Die Engländer werden uns beschämen usw." richtet sich wider die Deutschtümelei der damaligen Zeit.

125. „Der pedantische Purismus usw." Goethe hat oft seine Stimme erhoben gegen einen beschränkten Purismus und gegen eine verblendete Abweisung ausländischer Bildungsmittel.

126. Sauroktonos: Eidechsentöter, Beiname des Apollon.

126. Sibyllinische Bücher: die Weissagungen der Cumäischen Sibylle. Es waren drei Rollen, die als „Libri Sibyllini" in Rom im Kapitolinischen Tempel aufbewahrt wurden. Goethe spielt häufig an auf die Sage von ihrer Erwerbung durch Tarquinius Superbus: an Schiller, 10. März 1798: „... es geht jetzt mit Grund und Boden wie mit den Sibyllinischen Büchern"; an Klinger, 8. Dez. 1811: „Das Leben ist den Sibyllinischen Büchern ganz gleich; je knapper, je teurer"; an Zelter, 2. Mai 1827: „es ist, als ob man diesen letzten Lebensblättern einen gesteigerten Wert beilege"; ferner an Zelter, 19. März 1827, und an Schultz, 29. Juni 1829.

127. Epitomator: von Epitome, d. i. Auszug, Inbegriff.

128. Goffo: Tolpatsch, eine komische Figur des italienischen Theaters; Moroso: ein Saumseliger.

128. Ubiquität: Allgegenwart Gottes, besonders des Leibes Christi in den Abendmahlselementen.

129. „Der Scharfsinn verläßt usw."— Goethe selbst kann als Beispiel für die Richtigkeit dieses Ausspruchs gelten; so schreibt Horn, Goethes Jugendfreund, am 3. Okt. 1766 an einen gemeinsamen Bekannten: „... er mag eine Parthey nehmen welche er will, so gewinnt er; denn Du weißt, was er auch nur scheinbaren Gründen für ein Gewicht geben kan."

131. Ate: eine Tochter des Zeus.

131. „Ovid blieb klassisch usw." Vgl. Schillers Abhandlung „Über naive und sentimentalische Dichtung".

131. Sakuntala: Drama von Kalidasa. Vgl. Goethes Aufsatz „Indische und chinesische Dichtung" (1821).

133. Schmidt von Werneuchen: Friedr. Wilh. Aug. Schmidt
(1764—1838). Seine Gedichte verspottete Goethe
in den „Musen und Grazien in der Mark".

139. Martin Schön: Schongauer (gest. 1488), der elsässische
Maler, dessen Vorbild der junge Dürer aufsuchte.

140. Praxiteliden: Schüler des berühmten griechischen Bild-
hauers Praxiteles, der mit Skopas der Hauptvertreter
der jüngern attischen Bildhauerschule war.

140. Huysum: niederländischer Blumen- und Fruchtmaler
(1682—1749).

144. Chodowieckis Spezialität war die treue und anmutige
Schilderung der bürgerlichen Gesellschaft. Zu Eckermann
25. Okt. 1823 über Daniel Chodowiecki: „die bürgerlichen Szenen gelangen auch diesem vollkommen, wollte
er aber römische oder griechische Helden zeichnen, so
ward es nichts."

144. „Ein edler Philosoph usw.": Schelling, Vorlesungen
über Philosophie der Kunst. Zu Eckermann, 23. März
1829: „Ich habe unter meinen Papieren ein Blatt
gefunden, wo ich die Baukunst eine erstarrte Musik
nenne. Und wirklich, es hat etwas; die Stimmung,
die von der Baukunst ausgeht, kommt dem Effekt der
Musik nahe."

145. „Minor": die Moll-Tonart, so genannt nach der
kleinen Terz.

145. Kantilene: Lied.

150. Baco von Verulam: Francis Bacon, der Begründer
der neuern Erfahrungswissenschaft (1561—1626).

153. Parallaxe: Unterschied der Winkel, unter welchen man
einen Punkt aus den beiden Endpunkten einer geraden
Linie sieht.

154. Kant: Über Goethes Beziehungen zu Kant vgl. Karl Vorländer „Kant, Schiller, Goethe. Gesammelte Aufsätze", Leipzig 1907.

156. Renatus Cartesius: René Descartes, der berühmte Philosoph (1596—1650). Vgl. an Staatsrat Schultz, 28. November 1821: „Wie die Natur uns täglich umarbeitet, so können wirs auch nicht lassen, das Gethane umzuthun."

158. Genetisches Verfahren: Methode, die Entstehung und allmähliche Entwicklung darstellt.

159. „Der Granit usw." Die erratischen Felsblöcke im Norden Deutschlands sind durch Gletscher der Eiszeit aus Skandinavien hergetragen worden.

163. Stöchiometrie: Lehre von den Maß- und Gewichtsverhältnissen, nach denen die Körper sich chemisch verbinden; Oryktognosten: Erscheinungen der Oryktognosie: Mineralienkunde.

164. C. C. v. Leonhards „Charakteristik der Felsarten" und Cleavelands „Mineralogie".

164. C. G. Carus, Mediziner (1789—1869); Nees von Esenbeck, Botaniker und Naturphilosoph (1776—1858).

166. Tycho de Brahe: der berühmte Astronom (1546—1601).

168. Ritter Ludovico Ciccolini war Professor der Astronomie zu Bologna.

170. Die Stücke der Abteilung „Fragmentarisches aus dem Nachlaß" sind stilistisch unfertig und auch als „Maxime" oder „Reflexion" zweifelhaft. Neben bloßen Lesefrüchten begegnen wir hier skizzenhaften Entwürfen zu unausgeführt gebliebenen Aufsätzen.

Bücher aus dem Insel=Verlage

Die Briefe der Frau Rath Goethe

Gesammelt und herausgegeben von

Albert Köster

Zwei Bände — Dritte Auflage
Geheftet 10 Mark; in Halbfranz 14 Mark

Briefe von Goethes Mutter

In Auswahl

herausgegeben und eingeleitet von

Albert Köster

Mit einer Silhouette der Frau Rath
11.—20. Tausend — In Pappband
2 Mark

Nachdem die zweibändige, vollständige Ausgabe der Briefe der Frau Rath Goethe in kurzer Zeit in über 4000 Exemplaren Verbreitung gefunden hatte, schien dem Verlage die Zeit gekommen zu sein, durch Veranstaltung einer billigen Auswahlausgabe den herrlichen Schatz, den Frau Aja uns hinterlassen hat, in die weitesten Kreise zu tragen. In der kleinen Ausgabe, die in Ausstattung und Preis ein Seitenstück zu Goethes „Sprüchen in Prosa" bilden soll, sind vor allem die Briefe fortgelassen worden, die einen besonderen literarischen Charakter tragen und die von theatergeschichtlichem Interesse sind; alles aber ist geblieben, was Züge zu dem leuchtenden Bild der unvergleichlichen Frau hinzuträgt. „Ich habe die Gnade von Gott, daß noch keine Menschenseele mißvergnügt von mir weggegangen ist" — schreibt Frau Rath einmal. Nun dürfen viele Tausende, denen die Anschaffung der vollständigen Ausgabe nicht möglich ist, von neuem die Wirkung dieser Gnade an sich verspüren.

Goethes Briefe an Frau von Stein

Herausgegeben von
Julius Petersen

Zweite Auflage
Drei Bände.   Titel und Einband von H. Vogeler
Geheftet M. 7.—; in Leinen M. 10.—; in Leder M. 14.—

Den edelsten Schatz deutscher Liebesbriefe und zugleich das bedeutendste Lebensdokument unsres größten Dichters besaßen wir bisher zwar in einer philologisch unübertrefflichen, nicht aber in einer Ausgabe, die unsern heutigen Ansprüchen an das äußere Gewand eines Buches genug= täte. Eine schöne, handliche Taschenausgabe davon zu schaffen und so den kostbaren Gehalt in ein edles Gefäß zu füllen, war eine dankbare Aufgabe. Der Herausgeber gibt eine schöne und inhaltsreiche Einleitung in die ganze Sammlung und am Schluß jeden Bandes das zum Ver= ständnis nötige in Anmerkungen.

Drei Silhouetten: Frau von Stein mit dem Bildnis ihres Sohnes Fritz, Goethe mit Fritz von Stein und eine vor kurzem aufgefundene Silhouette der Frau von Stein aus Knebels Nachlaß sind den Bänden beigegeben. Heinrich Vogeler hat in der Ausschmückung sein bestes getan.

Briefe an Fritz von Stein

Herausgegeben von
Ludwig Rohmann

Geheftet M. 4.—; in Leinen M. 5.—

Charlottens Lieblingssohn und Goethes Zögling, Fritz von Stein, hatte in seinem schicksalsreichen Leben seit seinen Knabentagen viele Briefe von Mutter und Geschwistern erhalten und sie mit dem großen Schatz der Goethebriefe, die Charlotte ihm anvertraut, liebevoll bewahrt. Der größte Teil der später weit verstreuten Briefe ist im Besitz von Nachkommen Fritz von Steins zusammengeblieben; aus ihm hat Ludwig Rohmann nun alles Mitteilenswerte herausgehoben und zu einem Bande von hohem Reiz vereinigt. Eine kurze Selbstbiographie Fritzens von Stein leitet die Briefe ein. In ihnen spiegeln sich das literarische Weimar, der Hof und die weimarische Gesellschaft; vor allem ist von Goethe und seinem Hause darin natürlich viel die Rede.

Goethe im Gespräch

Herausgegeben von
Franz Deibel und Friedrich Gundelfinger
Dritte Auflage
Geheftet M. 5.—; in Leinen M. 6.—; in Ganzleder M. 8.—

Von Goethes Werken und Briefen und von den Gesprächen mit Eckermann besaßen wir bereits schöne und mustergültige Ausgaben. Zu ihnen gesellt sich als viertes unsere Ausgabe der Goethischen Gespräche mit Schiller, Wieland, Herder, Schlegel, Napoleon, Voß, Riemer, Boisserée, Kanzler von Müller, Soret, Felix Mendelssohn-Bartholdy und anderen. Diese vier Goethe-Werke werden künftig den eisernen Bestand der Bibliothek eines jeden Goethefreundes bilden.

Goethes Tod

Dokumente und Berichte der Zeitgenossen
herausgegeben von
Carl Schüddekopf
Mit 7 Lichtdrucktafeln und Faksimiles
Geheftet M. 4.—; in Pappband M. 5.—

Wie über Goethes reiches Leben bis in alle Einzelheiten ein fast unübersehbares Material auf uns gekommen ist, so sind auch viele gedruckte und ungedruckte Briefe und Dokumente über seine letzten Tage, seinen Tod und seine Leichenfeiern vorhanden. Zu einer gesammelten Herausgabe der wichtigsten jener Dokumente gab der 75. Todestag Goethes, der 22. März 1907, den äußeren Anlaß. An eine Darstellung des Todes und der Trauerfeiern — die freilich die Mehr-Licht-Legende zerstören mußte, schließen sich u. a. der Text der Leichenrede und eine Anzahl meist unveröffentlichter Briefe und Trauerdichtungen an. Sechs Tafeln, darunter die Prellersche Zeichnung „Goethe auf dem Sterbebette" und die Todesanzeige sind dem Buche beigegeben.

Clemens Brentano's Frühlingskranz

aus Jugendbriefen ihm geflochten, wie er selbst schriftlich verlangte, von Bettina von Arnim.

Taschenausgabe in zwei Bänden, eingeleitet von Paul Ernst. Titel- und Einbandzeichnung von Walter Tiemann. Geheftet M. 6.—; in Leinen M. 8.—; in Leder M. 10.—

Die Günderode

von

Bettina von Arnim

Taschenausgabe in zwei Bänden, herausgegeben und eingeleitet von Paul Ernst.

Titelrahmen und Einbandzeichnung von W. Tiemann. Geheftet M. 7.—; in Leinen M. 9 —; in Leder M. 10.—

Das erste dieser Bücher ist Bettinens Jugendbriefwechsel mit ihrem Bruder; es ist ein inniges, „frühlingsduftendes Buch", in dem sie uns eines der schönsten Dokumente der jüngeren Romantik bewahrt hat. Sie tat es nach dem ausdrücklichen Wunsch und Willen des Bruders: „Und, liebes Kind, bewahre meine Briefe, und lasse sie nicht verloren gehen, sie sind das Frömmste, Liebevollste, was ich in meinem Leben geschrieben; ich will sie einstens wieder lesen und in ihnen in ein verschlossenes Paradies zurückkehren." Das andere enthält ihre Korrespondenz mit dem unglücklichen Stiftsfräulein Karoline v. Günderode — freilich so wenig wie der Frühlingskranz in aktenmäßiger Treue. Aus wirklichen Briefen hat Bettina vielmehr ein Kunstwerk geformt, aber ein Kunstwerk in ihrem Sinne: es ist kein Briefroman mit Schürzung und Lösung eines Knotens, sondern ein echt romantischer Wirbel von allerlei Dingen, bunt wie der Märchentraum und vielstimmig wie die Gedichtbücher jener Tage.

Briefe der Herzogin Elisabeth Charlotte von Orleans (Liselotte)

Herausgegeben von
Hans F. Helmolt

Mit 2 Bildnissen der Herzogin in Heliogravüre
Zwei Bände.   Geheftet M. 12.—; in Halbfranz M. 16.—

Liselotte — unter diesem Namen ist heute noch die pfälzische Prinzessin populär, die, auf dem Heidelberger Schlosse aufgewachsen, durch ihre Heirat die Schwägerin Ludwigs XIV. wurde, aber inmitten eines verderbten Hofes, an der Seite eines sittenlosen Gatten ihren reinen Sinn, ihr unverfälschtes Herz und ihr Deutschtum sich bewahrte und in ihrer innern Einsamkeit dem oft bedrängten Herzen dadurch Luft machte, daß sie unzählige Briefe, voll von köstlichem, derbem Humor, voll tiefer und unbestechlicher Beobachtungsgabe in die deutsche Heimat schrieb.

Muß man diesen Briefen den höchsten Wert zusprechen wegen ihres reichen politisch- und namentlich kulturhistorischen Inhalts, und weil sie schildern, wie deutsche Augen den Sonnenkönig und seinen Hof sahen, so sind sie uns fast mehr noch durch die kernige deutsche Herzens- und Gemütsart der vortrefflichen Frau, die sie geschrieben hat. Der Vergleich mit einer andern deutschen Frau, die fast dem gleichen Boden entstammt, und ihren Briefen drängt sich auf jeder Seite dem Leser auf: der Vergleich mit Goethes Mutter. Gerade jene Eigenschaften, die sie uns so lieb machen, sind beiden gemeinsam.

Die uns erhaltenen Briefe — es sind nahe an 3000 — waren bisher fast nur in gelehrten Sammlungen, die dazu noch zum größten Teil nur für die Mitglieder einer Gesellschaft gedruckt wurden, zugänglich. So ist es zu erklären, daß diese schönen und wichtigen Dokumente deutschen Geisteslebens der Vergangenheit außerhalb gelehrter Kreise fast unbekannt sind. Unsere Ausgabe soll diese Lücke ausfüllen; sie ist eine gewissenhaft getroffene Auswahl des Wichtigsten, dauernd Wertvollen aus allen erreichbaren Briefen Liselottens. Auch viele bisher unbekannten oder verschollenen Briefe sind darin enthalten. Dafür, daß sie auf sicherer wissenschaftlicher Grundlage ruht, bürgt der Name des Herausgebers, den der Verlag gewonnen hat.

Wielands Ausgewählte Werke

in drei Bänden

Herausgegeben von
Franz Deibel

In Leder M. 15.—; in Pergament M. 20.—

Diese drei Bände enthalten den Oberon, die besten der kleinen Vers-
erzählungen und die Abderiten, alle Dichtungen Wielands also,
die weiteren Kreisen noch heute vertraut und lebendig sind oder doch
sein sollten. Den ersten Band leitet Goethes herrliche Rede zum Andenken Wielands ein. Durch diese Ausgabe, die Walter Tiemann durch
Doppeltitel- und Einbandzeichnung auf das anmutigste geschmückt hat,
wird der heute über Gebühr vernachlässigte, graziöse Dichter gewiß
wieder viele Leser finden.

Kortum, Die Jobsiade

Ein komisches Heldengedicht in drei Teilen

Neue Ausgabe, mit den Holzschnitten der Originalausgaben,
Zierstücken von Walter Tiemann und einer Einleitung in
Versen von Otto Julius Bierbaum. In Pappband M. 6.—

Es hieße offene Türen einrennen, wollte man zum Lobe der Jobsiade
noch etwas sagen. Seit hundert Jahren führt sie ein unverwüst-
liches Leben; sie ist für hoch und niedrig zum Volksbuch im eigentlichsten
Sinne des Wortes geworden und hat mit ihrem burlesken Humor das
Zwerchfell ungezählter Tausender erschüttert. Das unsterbliche Epos
vom Kandidaten und Nachtwächter Jobs trägt nun wieder ein an-
gemessenes Gewand. Der Verlag hat es in dem Format der
Originalausgabe mit schönen Frakturlettern auf graues Fließpapier neu
drucken lassen und die alten Holzschnitte in ihrer ursprünglichen Größe
getreu wiedergegeben. Otto Julius Bierbaum aber hat der neuen
Ausgabe eine gereimte Einleitung mit auf den Weg gegeben, die wie
ihr Gegenstand von köstlichem Humor durchtränkt ist.

Mozart auf der Reise nach Prag

Eine Novelle von

Eduard Mörike

Titel= und Einbandzeichnung von Walter Tiemann
Geheftet M. 2.50; in Leder M. 4.—

Mörike hat in die kurze Stunde, die der Leser dieser anmutigsten Dichtung mit Mozart und seiner Konstanze verlebt, den ganzen hinreißenden Zauber der Persönlichkeit Mozarts gelegt und uns in den heiter flüchtigen Ereignissen mit natürlicher Kunst das lebendige Bild des Genius entwickelt. Der melodienreiche Geist des Meisters singt und klingt mit süßer Gewalt aus der Novelle heraus. In ihr hat Mörike seine Kunst zu der des Gefeierten emporgereckt; mit seinem Ausdrucksmittel schuf er Mozartsche Musik.

Adalbert Stifters Studien

Neue, vollständige Taschenausgabe auf Dünndruckpapier in zwei Bänden. Mit einer Einleitung von J. Schlaf und zwei Titelzeichnungen sowie Einbandzeichnung von Carl Walser. In Leinen M. 6.—; in Leder M. 8.—; in Pergament M. 10.—

Der Ruhm der Gesammelten Novellen Stifters, die der Dichter bescheiden als „Studien" bezeichnet hat, ist fest begründet; mit Recht, denn ein unvergleichlicher Natur= und Menschenschilderer offenbart sich in ihnen. Unsere Ausgabe umfaßt zwei handliche Bände, die bequem in Wald und Feld mitgenommen werden können, dahin, wo Stifter eigentlich gelesen werden sollte.

Großherzog Wilhelm Ernst=Ausgabe deutscher Klassiker

Diese schönste, eigenartigste und praktischste Klassiker=Ausgabe wurde in großer, klarer Antiquaschrift auf undurchsichtiges Dünndruckpapier gedruckt und in schmiegsames Leder gebunden. Ihre großen Vorzüge: daß sie im Bücherschrank nur wenig Platz beansprucht, daß sie auch bei stundenlangem Lesen die Hand nicht ermüdet, daß sie in der Tasche, im Reisekoffer und im Offizierstornister bequem mitgeführt werden kann und an jedem Ruheort zu geistiger Erfrischung verhilft — diese nur ihr eigenen Vorzüge werden sie gewiß auch denen erwünscht machen, die bereits andere Klassiker=Ausgaben besitzen.

Bisher sind folgende Bände erschienen:

Schillers Werke. Vollständig in sechs Bänden. Herausgegeben von Albert Köster und Max Hecker. In Leder M. 14.—; mit Lederkasten M. 27.—

Goethes Romane und Novellen. Vollständig in zwei Bänden. (Der Werke I. und II. Band.) Herausgegeben von Hans Gerhard Gräf und Carl Schüddekopf. In Leder M. 11.—

Goethe, Dichtung und Wahrheit. (Der Werke III. und der Autobiographischen Schriften I. Band.) Herausgegeben von Kurt Jahn. In Leder M. 6.—

Arthur Schopenhauer, Die Welt als Wille und Vorstellung. (Der Werke I. und II. Band.) Herausgegeben von Eduard Grisebach. In Leder M. 9.—

Schopenhauer, Kleinere Schriften. Über den Satz vom Grunde. Über den Willen in der Natur. Die Grundprobleme der Ethik. Über das Sehen und die Farben. (Der Werke III. Band.) Nach Grisebachs Manuskript herausgegeben von Max Brahn. In Leder M. 5.—

Körners Werke. Herausgegeben von Werner Deetjen. In Leder M. 3.50.